Z 1038
C.a.

LETTRE
SUR LES SOURDS
ET MUETS.

A l'Usage de ceux qui entendent & qui parlent.

AVEC DES ADDITIONS.

. . . . . . *Versisque viarum
Indiciis raptos ; pedibus vestigia rectis
Ne qua forent.* . . . .

Æneid. lib. 8.

M. DCC. LI.

De V.... ce 20 Janvier 1751.

Je vous envoye, Monsieur, la Lettre à l'Auteur des beaux Arts réduits à un même Principe, revuë corrigée & augmentée sur les conseils de mes amis, mais toujours avec son même titre.

Je conviens que ce titre est applicable in-

distinctement au grand nombre de ceux qui parlent sans entendre ; *au petit nombre* de ceux qui entendent sans parler ; *& au très-petit nombre* de ceux qui sçavent parler & entendre ; quoique ma lettre ne soit gueres qu'à l'usage de ces derniers.

Je conviens encore qu'il est fait à l'imitation d'un autre qui n'est pas trop bon : * mais

* Lettre sur les aveugles à l'usage de ceux qui voyent.

je suis las d'en chercher un meilleur. Ainsi de quelque importance que vous paroisse le choix d'un titre, celui de ma Lettre restera tel qu'il est.

Je n'aime guères les citations; celles du Grec moins que les autres. Elles donnent à un Ouvrage l'air scientifique qui n'est plus chez nous à la mode. La plûpart des Lecteurs en sont effrayés ; & j'ôterois d'ici cet épouvantail, si je pensois en Libraire. Mais il n'en est rien. Laissez donc le Grec partout où j'en ai mis. Si vous vous souciez fort peu qu'un Ouvrage soit bon, pourvû qu'il se lise ; ce dont je me soucie moi, c'est de bien faire le mien au hazard d'être un peu moins lû.

Quant à la multitude des objets sur lesquels je me plais à

voltiger, sçachez & apprenez à ceux qui vous conseillent que ce n'est point un défaut dans une Lettre, où l'on est censé converser librement, & où le dernier mot d'une phrase est une transition suffisante.

Vous pouvez donc m'imprimer, si c'est-là tout ce qui vous arrête. Mais que ce soit sans nom d'Auteur, s'il vous plaît. J'aurai toujours le tems de me faire connoître. Je sçais d'avance à qui l'on n'attribuera pas mon Ouvrage ; & je sçais bien encore à qui l'on ne manqueroit pas de l'attribuer, s'il y avoit de la singularité dans les idées, une certaine imagination, du style, je ne sçais quelle hardiesse de penser que je serois bien fâché d'avoir, un étalage de Mathematiques, de Métaphysique, d'Italien, d'Anglois, & sur-

sur-tout moins de Latin & de Grec, & plus de Musique.

Veillez, je vous prie, à ce qu'il ne se glisse point de fautes, dans les Exemples. Il n'en faudroit qu'une pour tout gâter. Vous trouverez dans la planche du dernier Livre de Lucrece, de la belle Edition d'Avercamp, la figure qui me convient. Il faut seulement en écarter un enfant qui la

**

cache à moitié, lui suppoſer une bleſſure au-deſſous du ſein, & en faire prendre le trait. Mr. de S.... mon ami, s'eſt chargé de revoir les épreuves. Il demeure ruë neuve des.... Je ſuis,
MONSIEUR,
votre &c.

LETTRE

Sur les Sourds et Muets, à l'usage de ceux qui entendent & qui parlent.

Où l'on traite de l'Origine des Inversions ; de l'harmonie du style ; du sublime de situation ; de quelques avantages de la Langue Françoise sur la plupart des Langues anciennes & modernes, & par occasion de l'expression particuliere aux beaux Arts.

JE N'AI point eu dessein, Monsieur, de me faire honneur de vos recherches, &

vous pouvez revendiquer dans cette Lettre tout ce qui vous conviendra. S'il est arrivé à mes idées d'être voisines des vôtres, c'est comme au lierre à qui il arrive quelquefois de mêler sa feuille à celle du chêne. J'aurois pû m'adresser à Monsieur l'Abbé de Condillac, ou à Monsieur du Marsais; car ils ont aussi traité la matiere des inversions; mais vous vous êtes offert le premier à ma penfée ; & je me suis accommodé de vous, bien persuadé que le Public ne prendroit point une rencontre heureuse pour une préference. La seule crainte que j'aye, c'est celle de vous distraire, & de vous ravir des instants que vous donnez, sans doute, à l'étude de la Philosophie, & que vous lui devez.

Pour bien traiter la matiere des inversions, je crois qu'il est à propos d'examiner comment les langues se sont formées. Les objets sensibles ont les premiers frappé les sens; & ceux qui réünissoient plusieurs qualités sensibles à la fois ont été les premiers nommés; ce sont les differens individus qui composent cet Univers. On a ensuite distingué les qualités sensibles les unes des autres; on leur a donné des noms; ce sont la plus part des adjectifs. Enfin, abstraction faite de ces qualités sensibles, on a trouvé ou cru trouver quelque chose de commun dans tous ces individus, comme l'impénétrabilité, l'étenduë, la couleur, la figure &c. & l'on a formé les noms métaphysiques & généraux; & presque tous les substantifs. Peu à peu, on s'est accoutumé à croire que ces noms représentoient des Etres réels: on a regardé les qualités sensibles comme de simples accidens; & l'on s'est imaginé que l'adjectif étoit réellement subordonné au substantif, quoique le substantif ne soit proprement rien, & que *l'adjectif soit tout*. Qu'on vous demande ce que c'est qu'un Corps, vous répondrez que c'est *une substance étenduë, impénétrable, figurée, colorée & mobile*. Mais ôtez de cette définition tous les adjectifs, que restera-t'il pour cet Etre imaginaire que vous appellez *subſtance*? Si on vouloit ranger dans la même définition les termes, ſuivant l'ordre naturel, on diroit, *colorée, figurée, étenduë, impénétrable, mobile, ſubſtance*. C'eſt dans cet ordre que les differentes qualités des portions de la matiere affecteroient, ce me ſemble, un homme qui verroit un Corps pour la premiere fois.

L'œil seroit frappé d'abord de la figure, de la couleur & de l'étenduë ; le toucher s'approchant ensuite du Corps, en découvriroit l'impénétrabilité ; & la vuë & le toucher s'assureroient de la mobilité. Il n'y auroit donc point d'inversion dans cette définition ; & il y en a une dans celle que nous avons donnée d'abord. De là il résulte, que si on veut soutenir qu'il n'y a point d'inversion en françois, ou du moins qu'elle y est beaucoup plus rare que dans les langues sçavantes, on peut le soutenir tout au plus dans ce sens que nos constructions sont pour la plûpart uniformes ; que le substantif y est toujours ou presque toujours placé avant l'adjectif, & le verbe entre deux. Car, si on examine cette question en elle-même, sçavoir si l'adjectif doit être placé devant ou après le substantif, on trouvera que nous renversons souvent l'ordre naturel des idées : l'exemple que je viens d'apporter en est une preuve.

Je dis *l'ordre naturel* des idées ; car il faut distinguer ici *l'ordre naturel* d'avec *l'ordre d'institution*, & pour ainsi dire, *l'ordre scientifique* ; celui des vûes de l'esprit, lorsque la langue fut tout à fait formée.

Les adjectifs représentant, pour l'ordinaire les qualités senfibles, font les premiers dans l'ordre naturel des idées ; mais pour un Philofophe, ou plutôt pour bien des Philofophes qui fe font accoutumés à regarder les fubftantifs abftraits comme des Etres réels, ces fubftantifs marchent les premiers dans l'ordre fcientifique, étant, felon leur façon de parler, le fupport ou le foutien des adjectifs. Ainfi des deux définitions du Corps que nous avons données, la premiere suit l'ordre scientifique ou d'institution ; la seconde l'ordre naturel.

De là on pourroit tirer une conséquence, c'est que nous sommes, peut-être, redevables à la Philosophie péripatéticienne, qui a réalisé tous les Etres généraux & métaphysiques, de n'avoir presque plus dans notre langue de ce que nous appellons des inversions dans les langues anciennes. En effet nos Auteurs Gaulois en ont beaucoup plus que nous, & cette philosophie a regné tandis que notre langue se perfectionnoit sous Louis XIII. & sous Louis XIV. Les Anciens qui géneralisoient moins, & qui étudioient plus la nature en détail & par individus, avoient dans leur langue une marche moins monotone, &

peut-être le mot d'inverſion eût-il été fort étrange pour eux. Vous ne m'objecterez point ici, Monſieur, que la Philoſophie péripatéticienne eſt celle d'Ariſtote, & par conſequent d'une partie des Anciens; car vous apprendrez, ſans doute à vos diſciples que notre Péripatéticiſme étoit bien différent de celui d'Ariſtote.

Mais il n'eſt peut-être pas néceſſaire de remonter à la naiſſance du monde, & à l'origine du langage, pour expliquer comment les inversions se sont introduites & conservées dans les langues. Il suffiroit, je crois, de se transporter en idée chez un Peuple étranger dont on ignoreroit la langue; ou ce qui revient presqu'au même, on pourroit employer un homme qui, s'interdisant l'usage des sons articulés, tâcheroit de s'exprimer par gestes.

Cet homme n'ayant aucune difficulté fur les queftions qu'on lui propoferoit, n'en feroit que plus propre aux expériences ; & l'on n'en infereroit que plus furement de la fucceffion de fes geftes, quel eft l'ordre d'idées qui auroit paru le meilleur aux premiers hommes pour fe communiquer leurs penfées par geftes, & quel eft celui dans lequel ils auroient pû inventer les fignes oratoires.

Aurefte,

Au reste, j'obferverois de donner à mon *Muet de convention* tout le tems de compofer fa réponfe; & quant aux queftions, je ne manquerois pas d'y inférer les idées dont je ferois le plus curieux de connoître l'expreffion par gefte & le fort dans une pareille langue. Ne feroit-ce pas une chofe, finon utile, du moins amufante, que de multiplier les effais fur les mêmes idées ; &

que de proposer les mêmes questions à plusieurs personnes en même tems. Pour moi, il me semble qu'un Philosophe qui s'exerceroit de cette maniere avec quelques uns de ses amis, bons esprits & bons logiciens, ne perdroit pas entierement son tems. Quelqu'Aristophane en feroit, sans doute, une scene excellente ; mais qu'importe ? on se diroit à soi-même ce que Zenon disoit à son Proſelyte εἰ φιλοσοφίας ἐπιθυμεῖς, παρασκευάζου αὐτοθεν, ὡς καταγελασθησόμενος, ὡς &c. Si tu veux être Philoſophe, attens-toi à être tourné en ridicule. La belle maxime, Monſieur, & qu'elle feroit bien capable de mettre au deſſus des diſcours des hommes & de toutes conſiderations frivoles, des ames moins courageuſes encore que les nôtres!

Il ne faut pas que vous confondiez l'exercice que

je vous propose ici avec la Pantomime ordinaire. Rendre une action, ou rendre un discours par des gestes, ce sont deux versions fort differentes. Je ne doute guères qu'il n'y eût des inversions dans celles de nos muets ; que chacun d'eux n'eût son style, & que les inversions n'y missent des differences aussi marquées que celles qu'on rencontre dans les anciens Auteurs Grecs & Latins.

Mais comme le style qu'on a est toujours celui qu'on juge le meilleur, la conversation qui suivroit les experiences ne pourroit qu'être très-philosophique & très-vive : car tous nos muets de convention seroient obligés, quand on leur restitueroit l'usage de la parole, de justifier non-seulement leur expression, mais encore la préférence qu'ils auroient donnée dans l'ordre de leurs gestes, à telle ou telle idée.

Cette réflexion, Monsieur, me conduit à une autre. Elle est un peu éloignée de la matiere que je traite, mais dans une Lettre les écarts sont permis, sur-tout lorsqu'ils peuvent conduire à des vuës utiles.

Mon idée seroit donc de décomposer, pour ainsi-dire un homme, & de considérer ce qu'il tient de chacun des sens qu'il possede. Je me souviens d'avoir été quelquefois occupé de cette espece d'anatomie métaphysique, & je trouvois que de tous les sens l'œil étoit le plus superficiel, l'oreille le plus orgueilleux, l'odorat le plus voluptueux, le goût le plus superstitieux & le plus inconstant, le toucher le plus profond & le plus philosophe. Ce seroit, à mon avis, une societé plaisante, que celle de cinq personnes dont chacune n'auroit qu'un sens; il n'y a pas de doute que ces gens là ne se traitassent tous d'insensés , & je vous laisse à penser avec quel fondement. C'est là pourtant une image de ce qui arrive à tout moment dans le monde ; on n'a qu'un sens & l'on juge de tout. Aureste il y a une observation singuliere à faire sur cette societé de cinq personnes dont chacune ne joüiroit que d'un sens ;

sens; c'est que par la faculté qu'elles auroient d'abstraire, elles pourroient toutes être géometres, s'entendre à merveilles, & ne s'entendre qu'en Géométrie. Mais je reviens à nos muets de convention, & aux questions dont on leur demanderoit la réponse.

Si ces questions étoient de nature à en permettre plus d'une, il arriveroit presque nécessairement qu'un des muets en feroit

C

une, un autre muet une autre; & que la comparaison de leurs discours seroit, sinon impossible, du moins difficile. Cet inconvenient m'a fait imaginer qu'au lieu de proposer une question, peut-être vaudroit-il mieux proposer un discours à traduire du François en gestes. Il ne faudroit pas manquer d'interdire l'ellipse aux traducteurs. La langue des gestes n'est déja pas trop claire, sans augmenter encore son laconisme par l'usage de cette figure. On conçoit aux efforts que font les sourds & muets de naissance pour se rendre intelligibles, qu'ils expriment tout ce qu'ils peuvent exprimer. Je recommanderois donc à nos muets de convention de les imiter, & de ne former, autant qu'ils le pourroient, aucune phrase où le sujet & l'attribut avec toutes leurs dépendances ne fuſſent énoncés. En un mot, ils ne feroient libres que ſur l'ordre qu'ils jugeroient à propos de donner aux idées, ou plutôt aux geſtes qu'ils employeroient pour les repréſenter.

Mais il me vient un ſcrupule. C'eſt que, les penſées s'offrant à notre eſprit, je ne ſçais par quel méchaniſme, à peu près ſous la forme qu'elles auront dans le diſcours, &, pour ainſi dire, tout habillées; il y auroit à craindre que ce Phénomène particulier ne gênât le geste de nos muets de convention; qu'ils ne succombassent à une tentation qui entraîne presque tous ceux qui écrivent dans une autre langue que la leur, la tentation de modeler l'arrangement de leurs signes sur l'arrangement des signes de la langue qui leur est habituelle, & que, de même que nos meilleurs latinistes modernes, sans nous en excepter ni l'un ni l'autre, tombent dans des tours François, la construction de nos muets ne fût pas la vraie construction d'un homme qui n'auroit jamais eu aucune notion de langue. Qu'en pensez-vous, Monsieur ? cet inconvénient seroit peut-être moins fréquent que je ne l'imagine, si nos muets de convention étoient plus Philosophes que Rhéteurs; mais en tout cas, on pourroit s'adresser à un sourd & muet de naissance.

Il vous paroîtra singulier sans doute, qu'on vous renvoye à celui que la nature a privé de la faculté d'entendre & de parler, pour en obtenir les véritables notions de la formation du langage. Mais considérez, je vous prie, que l'ignorance est moins éloignée de la vérité que le préjugé, & qu'un sourd & muet de naissance est sans préjugé sur la maniere de communiquer la pensée; que les inversions n'ont point passé d'une autre langue dans la sienne; que s'il en employe, c'est la nature seule qui les lui suggere, & qu'il est une image très-approchée de ces hommes fictifs, qui, n'ayant aucun signe d'institution, peu de perceptions, presque point de mémoire, pourroient paſſer aiſément pour des animaux à deux pieds ou à quatre.

Je peux vous aſſurer, Monſieur, qu'une pareille traduction feroit beaucoup d'honneur, quand elle ne ſeroit gueres meilleure que la plûpart de celles qu'on nous a données depuis quelque tems. Il ne s'agiroit pas ſeulement ici d'avoir bien ſaiſi le ſens & la penſée ; il faudroit encore que l'ordre des signes de la traduction correspondît fidélement à l'ordres des gestes de l'original. Cet essai demanderoit un Philosophe qui sçût interroger son auteur, entendre sa réponse & la rendre avec exactitude : mais la Philosophie ne s'acquiert pas en un jour.

Il faut avouer cependant que l'une de ces choses faciliteroit beaucoup les autres, & que la question étant donnée avec une expofition précife des geftes qui compoferoient la réponfe, on parviendroit à fubftituer aux geftes à peu près leur équivalent en mots; je dis à peu près, parce qu'il y a des geftes fublimes que toute l'éloquence Oratoire ne rendra jamais. Tel eft celui de Mackbett dans la Tragédie de Shakefpear. La fomnambule Mackbett s'avance en filence & les yeux fermés sur la scene; imitant l'action d'une personne qui se lave les mains, comme si les siennes eussent encore été teintes du sang de son Roi qu'elle avoit égorgé il y avoit plus de vingt ans. Je ne sçais rien de si pathétique en discours que le silence & le mouvement des mains de cette femme. Quelle image du remors!

La maniere dont une autre femme annonça la

mort à son époux incertain de son sort, est encore une de ces représentations dont l'énergie du langage Oral n'approche pas. Elle se transporta avec son fils entre ses bras dans un endroit de la Campagne où son mari pouvoit l'appercevoir de la Tour où il étoit enfermé; & après s'être fixé le visage pendant quelque tems du côté de la Tour; elle prit une poignée de terre qu'elle répandit en croix sur le corps de son fils qu'elle avoit étendu à ses pieds. Son mari comprit le signe & se laissa mourir de faim. On oublie la pensée la plus sublime; mais ces traits ne s'effacent point. Que de réflexions ne pourrois-je pas faire ici, Monsieur, sur le sublime de situation, si elles ne me jettoient pas trop hors de mon sujet!

On a fort admiré &

avec justice un grand nombre de beaux vers dans la magnifique scene d'Heraclius où Phocas ignore lequel des deux Princes est son fils. Pour moi, l'endroit de cette scene que je préfere à tout le reste est celui où le Tyran se tourne successivement vers les deux Princes en les appellant du nom de son fils, & où les deux Princes restent froids & immobiles.

Martian! à ce mot aucun ne veut répondre.

Voilà ce que le papier ne peut jamais rendre ; voilà où le geste triomphe du discours !

Epaminondas à la bataille de Mantinée est percé d'un trait mortel ; les Médecins déclarent qu'il expirera dès qu'on arrachera le trait de son corps ; il demande où est son bouclier, c'étoit un deshonneur de le perdre dans le combat : on le lui apporte, il arrache le trait lui-même.

Dans

Dams la sublime scene qui termine la Tragédie de Rodogune, le moment le plus theâtral est, sans contredit, celui où Anthiocus porte la Coupe à ses lêvres, & où Timagene entre sur la scene en criant, *ah! Seigneur?* quelle foule d'idées & de sentimens ce geste & ce mot ne font-ils pas éprouver à la fois! mais je m'écarte toujours. Je reviens donc au sourd & muet de naissance. J'en

D

connois un dont on pourroit se servir d'autant plus utilement qu'il ne manque pas d'esprit, & qu'il a le geste expressif, comme vous allez voir.

Je jouois un jour aux échecs, & le muet me regardoit jouer: mon adversaire me réduisit dans une position embarrassante; le muet s'en apperçut à merveilles, & croyant la partie perdue, il ferma les yeux, inclina la tête, & laissa tomber ses bras, signes par lesquels il m'annonçoit qu'il me tenoit pour mat ou mort. Remarquez en passant combien la langue des gestes est métaphorique. Je crus d'abord qu'il avoit raison; cependant comme le coup étoit composé, & que je n'avois pas épuisé les combinaisons, je ne me pressai pas de ceder, & je me mis à chercher une ressource. L'avis du muet étoit toujours qu'il n'y en avoit point; ce qu'il difoit très-clairement en fecoüant la tête, & en remettant les piéces perduës fur l'échiquier. Son exemple invita les autres fpectateurs à parler furlecoup; on l'examina; & à force d'effayer de mauvais expédients, on en découvrit un bon. Je ne manquai pas de m'en fervir & de faire entendre au muet qu'il s'étoit trompé, & que je fortirois d'embarras malgré fon avis. Mais lui, me montrant du doigt tous les spectateurs les uns après les autres, & faisant en même tems un petit mouvement des lêvres qu'il accompagna d'un grand mouvement de ses deux bras qui alloient & venoient dans la direction de la porte & des tables, me répondit qu'il y avoit peu de mérite a être sorti du mauvais pas où j'étois, avec les conseils du *tiers*, du *quart* & des *passants*; ce que ses gestes signifioient si clairement, que personne ne s'y trompa, & que l'expression populaire, consulter le tiers, le quart & les passants, vint à plusieurs en même tems ; ainsi bonne ou mauvaise, notre muet rencontra cette expression en gestes.

Vous connoissez au moins de réputation une machine singuliere sur laquelle l'inventeur se proposoit d'exécuter des sonates de couleurs. J'imaginai que, s'il y avoit un Etre au monde qui dût prendre quelque plaisir à de la musique oculaire & qui pût en juger sans prévention, c'étoit un sourd & muet de naissance. Je conduisis donc le mien rue saint Jacques dans la maison où l'on voyoit la machine aux couleurs. Ah ! Monsieur, vous ne devinerez jamais l'impression que cette machine fit sur lui, & moins encore les pensées qui lui vinrent.

Vous concevez d'abord qu'il n'étoit pas possible de lui rien communiquer sur la nature & les propriétés merveilleuses du Clavecin, que n'ayant aucune idée du son, celles qu'il prenoit de l'instrument oculaire n'étoient assurément pas relatives à la musique, & que la destination de cette machine, lui étoit tout aussi incompréhensible que

que l'ufage que nous faifons des organes de la parole. Que penfoit - il donc; & quel étoit le fondement de l'admiration dans laquelle il tomba à l'afpect des évantails du Pere Caftel. Cherchez, Monfieur ; devinez ce qu'il conjectura de cette machine ingenieufe, que peu de gens ont vuë, dont plufieurs ont parlé, & dont l'invention feroit bien de l'honneur à la plûpart de ceux qui en ont parlé avec dédain : ou plutôt, écoutez. Le voici.

Mon sourd s'imagina que ce Génie inventeur étoit sourd & muet aussi ; que son Clavecin lui servoit à converser avec les autres hommes ; que chaque nuance avoit sur le Clavier la valeur d'une des lettres de l'alphabet ; & qu'à l'aide des touches, & de l'agilité des doigts, il combinoit ces lettres, en formoit des mots, des phrases, enfin tout un discours en couleurs.

Après cet effort de pénétration, convenez qu'un sourd & muet pouvoit être assez content de lui-même. Mais le mien ne s'en tint pas là. Il crut tout d'un coup qu'il avoit saisi ce que c'étoit que la musique & tous les instrumens de musique. Il crut que la musique étoit une façon particuliere de communiquer la pensée,

& que les instrumens, les vielles, les violons, les trompettes étoient entre nos mains d'autres organes de la parole. C'étoit bien là, direz-vous, le système d'un homme qui n'avoit jamais entendu ni instrument ni musique. Mais considérez, je vous prie, que ce système qui est évidemment faux pour vous, est presque démontré pour un sourd & muet. Lorsque ce sourd se rappelle l'attention que nous donnons à la musique, & à ceux qui jouent d'un instrument ; les signes de joie ou de tristesse qui se peignent sur nos visages & dans nos gestes, quand nous sommes frappés d'une belle harmonie ; & qu'il compare ces effets avec ceux du discours & des autres objets extérieurs, comment peut-il imaginer qu'il n'y a pas de bon sens dans les sons, quelque chose que ce puisse être, & que ni les voix ni les instrumens ne reveillent en nous aucune perception distincte.

N'est-ce pas là, Monsieur, une fidelle image de nos pensées, de nos raisonnemens, de nos systêmes, en un mot de ces Concepts qui ont fait de la réputation à tant de Philosophes : toutes les fois qu'ils ont jugé de choses, qui, pour être bien comprises, sembloient demander un organe qui leur manquoit, ce qui leur est souvent arrivé, ils ont montré moins de sagacité & se sont trouvés plus loin de la vérité que le sourd & muet dont je vous entretiens. Car après tout, si on ne parle pas aussi distinctement avec un instrument qu'avec la bouche, & si les sons ne peignent pas aussi nettement la pensée que le discours, encore disent-ils quelque chose.

L'aveugle dont il est question dans la lettre à l'usage de ceux qui voyent, marqua assurément de la pénétration, dans le jugement qu'il porta du Télescope & des Lunettes; sa définition du Miroir est surprenante. Mais je trouve plus de profondeur & de vérité dans ce que mon sourd imagina du Clavecin occulaire du Pere Castel, de nos instrumens & de notre musique. S'il ne rencontra pas exactement ce que c'étoit, il rencontra presque ce que ce devroit être.

Cette sagacité vous surprendra moins peut-être, si vous considérez que celui qui se promene dans une galerie de peintures fait, sans y penser, le rôle d'un sourd qui s'amuseroit à examiner des muets qui s'entretiennent sur des sujets qui lui sont connus. Ce point de vuë est un de ceux sous lesquels j'ai toujours regardé les Tableaux qui m'ont été préfentés ; & j'ai trouvé que c'étoit un moyen fûr d'en connoître les actions amphibologiques & les mouvemens équivoques ; d'être promptement affecté de la froideur ou du tumulte d'un fait mal ordonné ou d'une converfation mal inftituée ; & de faifir dans une fcene mife en couleurs, tous les vices d'un jeu languiffant ou forcé.

Le terme de jeu qui est propre au théâtre, & que je viens d'employer ici, parce qu'il rend bien mon idée, me rappelle une expérience que j'ai faite quelquefois, & dont j'ai tiré plus de lumieres sur les mouvemens & les gestes que de toutes les lectures du monde. Je fréquentois jadis beaucoup les spectacles, & je sçavois par cœur la plûpart de nos bonnes piéces. Les jours que je me proposois un examen des mouvemens & du geste, j'allois aux troisiémes loges : car plus j'étois éloigné des Acteurs, mieux j'étois placé. Aussi-tôt que la toile étoit levée, & le moment venu où tous les autres spectateurs se disposoient à écouter ; moi, je mettois mes doigts dans mes oreilles, non sans quelqu'étonnement de la part de ceux qui m'environnoient, & qui ne me comprenant pas, me regardoient presque comme un insensé qui ne venoit à la Comédie que pour ne la pas entendre. Je m'embarrassois fort peu des jugemens, & je me tenois opiniâtrement les oreilles bouchées, tant que l'action & le jeu de l'acteur me paroissoient d'accord avec le discours que je me rappellois. Je n'écoutois que quand j'étois dérouté par les gestes, ou que je croyois l'être. Ah ! Monsieur, qu'il y a peu de Comédiens en état de soutenir une pareille épreuve, & que les détails dans lesquels je pourrois entrer seroient humiliants pour la plûpart d'entr'eux. Mais j'aime mieux vous parler de la nouvelle surprise où l'on ne manquoit pas de tomber autour de moi, lorsqu'on me voyoit répandre des larmes dans les endroits pathétiques, & toujours les oreilles bouchées. Alors on n'y

tenoit plus, & les moins curieux hazardoient des queſtions auxquelles je répondois froidement « que
» chacun avoit ſa façon
» d'écouter, & que la
» mienne étoit de me
» boucher les oreilles
» pour mieux entendre ; »
riant en moi-même des propos que ma bizarrerie apparente ou réelle occaſionnoit, & bien plus encore de la ſimplicité de quelques jeunes gens qui ſe mettoient auſſi les

doigts dans les oreilles pour entendre à ma façon, & qui étoient tout étonnés que cela ne leur réussît pas.

Quoi que vous pensiez de mon expédient, je vous prie de considérer que, si pour juger sainement de l'intonation, il faut écouter le discours sans voir l'acteur; il est tout naturel de croire que pour juger sainement du geste & des mouvemens, il faut considérer l'acteur,

sans

sans entendre le discours. Au reste, cet écrivain célebre par le Diable Boiteux, le Bachelier de Salamanque, Gilblas de Santillanne, Turcaret, un grand nombre de piéces de théâtre & d'opéra-comiques; par son fils l'inimitable Montmeni; M. le Sage étoit devenu si sourd dans sa vieillesse, qu'il falloit, pour s'en faire entendre, mettre la bouche sur son cornet, & crier de toute sa force.

Cependant il alloit à la repréſentation de ſes piéces; il n'en perdoit preſque pas un mot, il diſoit même qu'il n'avoit jamais mieux jugé ni du jeu ni de ſes piéces que depuis qu'il n'entendoit plus les Acteurs; & je me ſuis aſſuré par l'expérience qu'il diſoit vrai.

Sur quelqu'étude du langage par geſtes, il m'a donc paru que la bonne conſtruction exigeoit qu'on préſentât d'abord l'idée principale ; parce que cette idée manifestée répandoit du jour sur les autres, en indiquant à quoi les gestes devoient être rapportés. Quand le sujet d'une proposition oratoire ou gesticulée n'est pas annoncé, l'application des autres signes reste suspenduë. C'est ce qui arrive à tout moment dans les phrases grecques & latines; & jamais dans les phrases gesticulées, lorsqu'elles font bien construites.

Je suis à table avec un sourd & muet de naissance. Il veut commander à son laquais de me verser à boire. Il avertit d'abord son laquais. Il me regarde ensuite. Puis il imite du bras & de la main droite les mouvemens d'un homme qui verse à boire. Il est presqu'indifférent dans cette phrase lequel des deux derniers signes suive ou précede l'autre. Le muet peut, après avoir averti le laquais, ou placer le signe qui désigne la chose ordonnée ; ou celui qui dénote la personne à qui le message s'adresse ; mais le lieu du premier geste est fixé. Il n'y a qu'un muet sans logique qui puisse le déplacer. Cette transposition seroit presqu'aussi ridicule que l'inadvertance d'un homme qui parleroit sans qu'on sçût bien à qui son discours s'adresse. Quant à l'arrangement des deux autres gestes, c'est peut-être moins une affaire de justesse que de goût, de fantaisie, de convenance, d'harmonie, d'agrément & de style. En général, plus une phrase renfermera d'idées & plus il y aura d'arrangemens possibles de gestes ou d'autres signes : plus il y aura de danger de tomber dans des contresens, dans des Amphibologies, & dans les autres vices de construction. Je ne sçai si l'on peut juger sainement des sentimens & des mœurs d'un homme par ses Ecrits; mais je crois qu'on ne risqueroit pas à se tromper sur la justesse de son esprit, si l'on en jugeoit par son style ou plutôt par sa construction. Je puis du moins vous assurer que je ne m'y suis jamais trompé. J'ai vû que tout homme dont on ne pouvoit corriger les phrases qu'en les refaisant tout à fait, étoit un homme dont on n'auroit pû réformer la tête qu'en lui en donnant une autre.

Mais entre tant d'arrangemens possibles, comment lorsqu'une langue est morte, distinguer les constructions que l'usage autorisoit? la simplicité & l'uniformité des nôtres m'enhardissent à dire que, si jamais la langue Françoise meurt, on aura plus de facilité à l'écrire

&

& à la parler correctement que les langues Grecques ou Latines. Combien d'inversions n'employons-nous pas aujourd'hui en Latin & en Grec, que l'usage du tems de Cicéron & de Démosthene, ou l'oreille sévere de ces Orateurs proscriroit.

Mais, me dira-t'on, n'avons-nous pas dans notre langue des Adjectifs qui ne se placent qu'avant le Substantif;

n'en avons-nous pas d'autres qui ne se placent jamais qu'après. Comment nos neveux s'instruiront-ils de ces finesses ? La lecture des bons Auteurs n'y suffit pas. J'en conviens avec vous, & j'avoue que si la langue Françoise meurt, les Sçavans à venir qui feront assez de cas de nos Auteurs pour l'apprendre & pour s'en servir, ne manqueront pas d'écrire indistinctement *blanc Bon-*

net ou *Bonnet blanc*, *méchant Auteur* ou *Auteur méchant*, *homme galant* ou *galant homme*, & une infinité d'autres qui donneroient à leurs Ouvrages un air tout à fait ridicule, si nous ressuscitions pour les lire; mais qui n'empêcheront pas leurs contemporains ignorans de s'écrier à la lecture de quelque Piece Françoise, *Racine n'a pas écrit plus correctement*; c'est

Despreaux tout pur; *Bossuet* n'auroit pas mieux dit : cette Prose a le nombre, la force, l'élégance, la facilité de celle de *Voltaire*. Mais si un petit nombre de cas embarrassans font dire tant de sottises à ceux qui viendront après nous; que devons-nous penser aujourd'hui de nos Ecrits en Grec & en Latin, & des applaudissemens qu'ils obtiennent.

On éprouve, en s'entretenant avec un sourd & un muet de naissance une difficulté presque insurmontable à lui désigner les parties indéterminées de la quantité soit en nombre soit en étendue, soit en durée, & à lui transmettre toute abstraction en général. On n'est jamais sûr de lui avoir fait entendre la différence des tems *je fis*, *j'ai fait*, *je faisois*, *j'aurois fait*. Il en est de même des propositions conditionnelles. Donc si j'avois raison de dire qu'à l'origine du langage, les hommes ont commencé par donner des noms aux principaux objets des sens, *aux fruits, à l'eau, aux arbres, aux animaux, aux serpens, &c. Aux passions, aux lieux, aux personnes, &c. Aux qualités, aux quantités, aux tems, &c.* Je peux encore ajouter que les signes des *tems* ou des portions de la durée ont été les derniers inventés. J'ai pensé que pendant des siécles entiers, les hommes n'ont eu d'autres tems que le présent de l'indicatif ou de l'infinitif que les circonstances déterminoient à être tantôt un futur, tantôt un parfait.

Je me suis crû autorisé dans cette conjecture par l'état présent de la *langue franque*. Cette langue est celle que parlent les diverses nations chrétiennes qui commercent en Turquie & dans les échelles du Levant. Je la crois telle aujourd'hui qu'elle a toujours été, & il n'y a pas d'apparence qu'elle se perfectionne jamais. La base en est un Italien corrompu. Ses verbes n'ont pour tout tems que le présent de l'infinitif dont les autres termes de la phrase ou les conjonctures modifient la signification : ainsi *je t'aime, je t'aimois, je t'ai-*

merai, c'est en langue franque *mi amarti*. Tous ont chanté, que chacun chante, tous chanteront, *tutti cantara*. Je veux, je voulois, j'ai voulu, je voudrois t'épouser, *mi voleri spofarti*.

J'ai pensé que les inversions s'étoient introduites & conservées dans le langage, parce que les signes oratoires avoient été institués selon l'ordre des gestes, & qu'il étoit naturel qu'ils gardassent dans la phrase le rang que le droit d'aînesse leur avoit assigné. J'ai pensé que par la même raison, l'abus des tems des verbes ayant dû subsister, même après la formation complette des conjuguaisons, les uns s'étoient absolumens passés de certains tems, comme les Hébreux qui n'ont ni présent ni imparfait, & qui disent fort bien *Credidi propter quod locutus sum*, au lieu de *Credo &*

ideò loquor ; *j'ai crû & c'est par cette raison que j'ai parlé*, ou *je crois & c'est par cette raison que je parle*. Et que les autres avoient fait un double emploi du même tems, comme les Grecs chez qui les Aoristes s'interprêtent tantôt au présent, tantôt au passé. Entre une infinité d'exemples, je me contenterai de vous en citer un seul qui vous est peut-être moins connu que les autres. Epictete dit θέλυσι κỳ αὐτοὶ φιλοσοφεῖν. ἄνθρωπε, πρῶτον ἐπίσκεψαι ὁποῖόν ἐςι τὸ πρᾶγμα. εἶτα κỳ τὴν σεαυτῶ φύσιν καταμάθε, εἰ δύνασαι βαςάσαι. πένταθλος εἶναι βύλει, ἢ παλαιστής; ἴδε σεαυτῶ τὰς βραχίονασ, τὰς μηρὰς, τὴν ὀςφυν καταμάθε.

Epicteti Enchiridion. page 42.

Ce qui signifie proprement « ces gens veulent » aussi être philosophes. » Homme aye, d'abord » appris ce que c'est que

» la chose que tu veux
» être. Aye étudié tes
» forces & le fardeau.
» Aye vû, si tu peux l'a-
» voir porté. Aye considé-
» ré tes bras & tes cuisses.
» Aye éprouvé tes reins,
» si tu veux être Quin-
» quertion ou Luteur. »
» Mais ce qui se rend
beaucoup mieux en don-
nant aux Aoristes pre-
miers ἐπίσκεψαι, βαστάσαι
& aux Aoristes seconds
κατάμαθε, ἴδε, la valeur
du présent. » Ces gens

» veulent aussi être philo-
» sophes. Homme, ap-
» prends d'abord ce que
» c'est que la chose. Con-
» nois tes forces & le far-
» deau que tu veux por-
» ter. Considere tes bras
» & tes cuisses. Eprouve
» tes reins, si tu prétends
» être Quinquertion ou
» Luteur. » Vous n'ig-
norez pas que ces Quin-
quertions étoient des
gens qui avoient la va-
nité de se signaler dans
tous les exercices de la
Gymnastique.

Je regarde ces bizarreries des *tems* comme des restes de l'imperfection originelle des langues, des traces de leur enfance, contre lesquelles le bon sens qui ne permet pas à la même expression de rendre des idées différentes eût vainement réclamé ses droits dans la suite. Le pli étoit pris ; & l'usage auroit fait taire le bon sens. Mais il n'y a peut-être par un seul écrivain grec ou latin qui se soit

apperçu de ce défaut. Je dis plus. Pas un peut-être qui n'ait imaginé que son difcours ou l'ordre d'inftitution de fes fignes fuivoit exactement celui des vuës de fon efprit. Cependant il eft évident qu'il n'en étoit rien. Quand Ciceron commence l'Oraifon pour Marcellus par *Diuturni filentii, Patres Confcripti, quo eram his temporibus ufus*, &c. On voit qu'il avoit eu dans l'efprit,
anté-

antérieurement à son long silence, une idée qui devoit suivre, qui commandoit la terminaison de son long silence & qui le contraignoit à dire *Diuturni silentii*, & non pas *Diuturnum silentium*.

Ce que je viens de dire de l'inversion du Commencement de l'Oraison pour Marcellus, est applicable à toute autre inversion. En général, dans une période grecque ou latine, quelque longue qu'elle soit, on s'apperçoit dès le commencement que l'auteur ayant eu une raison d'employer telle ou telle terminaison, plutôt que toute autre, il n'y avoit point dans ses idées l'inversion qui regne dans ses termes. En effet dans la période précedente, qu'est-ce qui déterminoit Ciceron à écrire *Diuturni silentii* au génitif, *quo* à l'ablatif; *eram* à l'imparfait;

& ainsi du reste ; qu'un ordre d'idées préexistant dans son esprit, tout contraire à celui des expressions ; ordre auquel il se conformoit sans s'en appercevoir, subjugué par la longue habitude de transposer. Et pourquoi Ciceron n'auroit-il pas transposé sans s'en appercevoir, puisque la chose nous arrive à nous-mêmes, à nous qui croyons avoir formé notre langue sur la suite naturelle des idées. J'ai donc eu raison de distinguer l'ordre naturel des idées & des signes, de l'ordre scientifique & d'institution.

Vous avez pourtant crû, Monsieur, devoir soutenir que dans la période de Ciceron dont il s'agit entre nous, il n'y avoit point d'inversion, & je ne disconviens pas qu'à certains égards, vous ne puissiez avoir raison : mais il faut pour s'en convaincre, faire deux réflexions qui, ce me semble, vous ont échappé. La premiere, c'est que l'inversion proprement dite, ou l'ordre d'institution, l'ordre scientifique & grammatical n'étant autre chose qu'un ordre dans les mots contraire à celui des idées, ce qui sera inversion pour l'un, souvent ne le sera pas pour l'autre. Car dans une suite d'idées, il n'arrive pas toujours que tout le monde soit également affecté par la même. Par exemple, si de ces deux idées contenuës dans la phrase *serpentem fuge*, je vous demande quelle est la principale, vous me direz vous que c'est le serpent; mais un autre prétendra que c'est la fuite, & vous aurez tous deux raison. L'homme peureux ne songe qu'au serpent; mais celui qui craint moins le serpent que ma perte, ne songe qu'à ma fuite. L'un s'effraye &

l'autre m'avertit. La seconde chose que j'ai à remarquer, c'est que dans une suite d'idées que nous avons à offrir aux autres; toutes les fois que l'idée principale qui doit les affecter n'est pas la même que celle qui nous affecte, eu égard à la disposition differente où nous sommes nous & nos Auditeurs, c'est cette idée qu'il faut d'abord leur présenter ; & l'inversion dans ce cas n'est proprement qu'Oratoire : appliquons ces réflexions à la premiere période de l'Oraison *pro Marcello*. Je me figure Ciceron montant à la Tribune aux harangues, & je vois que la premiere chose qui a dû frapper ses Auditeurs, c'est qu'il a été long-tems sans y monter : ainsi *Diuturni silentii* le long silence qu'il a gardé, est la premiere idée qu'il doit leur présenter, quoique l'idée principale pour lui

ne

ne soit pas celle-là, mais *hodiernus dies finem attulit* ; car ce qui frappe le plus un Orateur qui monte en Chaire, c'est qu'il va parler & non qu'il a gardé long-tems le silence. Je remarque encore une autre finesse dans le Génitif *Diuturni silentii* ; les Auditeurs ne pouvoient penser au long silence de Ciceron, sans chercher en même tems la cause, & de ce silence & de ce qui le détermi-

I

noit à le rompre. Or le Génitif étant un cas suspensif, leur fait naturellement attendre toutes ces idées que l'Orateur ne pouvoit leur présenter à la fois.

Voilà, Monsieur, plusieurs observations, ce me semble, sur le passage dont nous parlons, & que vous auriez pû faire. Je suis persuadé que Ciceron auroit arrangé tout autrement cette Période, si au lieu de parler à Rome, il eût été tout-à-coup transporté en Affrique, & qu'il eût eu à plaider à Carthage. Vous voyez donc par là, Monsieur, que ce qui n'étoit pas une inversion pour les Auditeurs de Ciceron, pouvoit, devoit même en être une pour lui.

Mais allons plus loin; je soutiens que quand une phrase ne renferme qu'un très-petit nombre d'idées, il est fort-difficile de déterminer quel est l'ordre naturel que ces idées doivent avoir par rapport à celui qui parle. Car si elles ne se présentent pas toutes à la fois ; leur succession est au moins si rapide, qu'il est souvent impossible de démêler celle qui nous frappe la premiere. Qui sçait même si l'esprit ne peut pas en avoir un certain nombre exactement dans le même instant? Vous allez peut-être, Monsieur, crier au Paradoxe. Mais veuillez auparavant examiner avec moi comment l'article *hic*, *ille*, *le* s'est introduit dans la Langue Latine & dans la nôtre. Cette discussion ne sera ni longue ni difficile, & pourra vous rapprocher d'un sentiment qui vous révolte.

Transportez-vous d'abord au tems où les adjectifs & les substantifs Latins qui désignent les qualités sensibles des Etres & les differens individus de la nature; étoient presque tous inventés; mais où l'on n'avoit point encore d'expression pour ces vues fines & déliées de l'esprit dont la Philosophie a même aujourd'hui tant de peine à marquer les differences. Supposez ensuite deux hommes pressés de la faim; mais dont l'un n'ait point d'aliment en vue, & dont l'autre soit au pied d'un arbre si élevé qu'il n'en puisse atteindre le fruit. Si la senfation fait parler ces deux hommes, le premier dira *j'ai faim, je mangerois volontiers*, & le second, *le beau fruit! j'ai faim, je mangerois volontiers*. Mais il est évident que celui-là a rendu précisément par son discours tout ce qui s'est passé dans son ame ; qu'au contraire il manque quelque chose dans la phrase de celui-ci, & qu'une des vues de son esprit y doit être

sous entendue. L'expres-
sion *je mangerois volon-
tiers*, quand on n'a rien
à sa portée, s'étend en général à tout ce qui peut
appaiser la faim ; mais la
même expression se res-
traint, & ne s'entend
plus que d'un beau fruit,
quand ce fruit est pré-
sent. Ainsi, quoique ces
deux hommes aient dit,
*j'ai faim, je mangerois
volontiers* ; il y avoit
dans l'esprit de celui qui
s'est écrié, *le beau fruit!*

un retour vers ce fruit ; & l'on ne peut douter que si l'article *le* eût été inventé, il n'eût dit *le beau fruit ! j'ai faim. Je mangerois volontiers icelui, ou icelui je mangerois volontiers.* L'article *le* ou *icelui* n'est dans cette occasion & dans toutes les semblables qu'un signe employé pour désigner le retour de l'ame sur un objet qui l'avoit antérieurement occupée ; & l'invention de ce signe est, ce me semble, une preuve de la marche didactique de l'esprit.

N'allez pas me faire des difficultés sur le lieu que ce signe occuperoit dans la phrase, en suivant l'ordre naturel des vues de l'esprit. Car quoique tous ces jugemens, *le beau fruit ! j'ai faim, je mangerois volontiers icelui* soient rendus chacun par deux ou trois expressions, ils ne supposent tous qu'une seule vuè de l'ame; celui du milieu *j'ai faim* se rend en latin par le seul mot *Esurio*. Le fruit & la qualité s'apperçoivent en même tems; & quand un latin disoit *Esurio*, il croyoit ne rendre qu'une seule idée. *Je mangerois volontiers icelui* ne sont que des modes d'une seule sensation. *Je* marque la personne qui l'éprouve; *mangerois*, le desir & la nature de la sensation éprouvée; *volontiers* son intensité ou sa force ; *icelui* la présence de l'objet desiré ; mais la sensation n'a point dans l'ame ce developpement successif du discours ; & si elle pouvoit commander à vingt bouches ; chaque bouche disant son mot, toutes les idées précédentes seroient rendues à la fois ; c'est ce qu'elle exécuteroit à merveilles sur un Clavecin oculaire, si le système de mon muet étoit institué, & que chaque couleur fût l'élément d'un mot. Aucune Langue n'approcheroit de la rapidité de celle-ci. Mais au défaut de plusieurs bouches; voici ce qu'on a fait, on a attaché plusieurs idées à une seule expression. Si ces expressions énergiques étoient plus fréquentes; au lieu que la langue se traîne sans cesse après l'esprit; la quantité d'idées rendues à la fois, pourroit être telle, que la langue allant plus vîte que l'esprit, il seroit forcé de courir après elle. Que deviendroit alors l'inversion qui suppose décomposition des mouvemens simultanés de l'ame & multitude d'expressions. Quoique nous n'ayons gueres de ces termes qui équivalent à un long discours; ne suffit-il pas que nous en ayons quelques-uns; que le Grec & le Latin en fourmillent & qu'ils soient employés &

compris sur le champ, pour vous convaincre que l'ame éprouve une foule de perceptions, si non à la fois, du moins avec une rapidité si tumultueuse qu'il n'est gueres possible d'en découvrir la loi.

Si j'avois affaire à quelqu'un qui n'eût pas encore la facilité de saisir des idées abstraites; je lui mettrois ce syftême de l'entendement humain en relief, & je lui dirois: Monsieur, considérez l'homme automate comme une horloge ambulante : que le cœur en repréfente le grand reffort; & que les parties contenues dans la poitrine foient les autres pieces principales du mouvement. Imaginez dans la tête un timbre garni de petits marteaux d'où partent une multitude infinie de fils qui fe terminent à tous les points de la boëte. Elevez fur ce timbre une de ces petites figures

gures dont nous ornons le haut de nos pendules; qu'elle ait l'oreille panchée, comme un muficien qui écouteroit fi fon inftrument eft bien accordé. Cette petite figure fera *l'ame*. Si plufieurs des petits cordons font tirés dans le même inftant, le timbre fera frappé de plufieurs coups, & la petite figure entendra plufieurs fons à la fois. Suppofez qu'entre ces cordons, il y en ait certains qui soient toujours tirés ; comme nous ne nous sommes assurés du bruit qui se fait le jour à Paris que par le silence de la nuit, il y aura en nous des sensations qui nous échapperont souvent par leur continuité. Telle sera celle de notre existence. L'ame ne s'en apperçoit que par un retour sur elle-même, surtout dans l'état de santé. Quand on se porte bien, aucune partie du corps ne nous instruit de son existence; si quelqu'une nous en avertit par la douleur, c'est à coup sûr que nous nous portons mal; si c'est par le plaisir, il n'est pas toujours certain que nous nous portions mieux.

Il ne tiendroit qu'à moi de suivre ma comparaison plus loin, & d'ajoûter que les sons rendus par le timbre ne s'éteignent pas sur le champ; qu'ils ont de la durée;

qu'ils forment des accords avec ceux qui les suivent ; que la petite figure attentive les compare & les juge consonants ou dissonants ; que la mémoire actuelle, celle dont nous avons besoin pour juger & pour discourir, consiste dans la résonance du timbre ; le jugement dans la formation des accords, & le discours dans leur succession ; que ce n'est pas sans raison qu'on dit de certains cerveaux, qu'ils font mal timbrés. Et cette loi de liaifon fi néceffaire dans les longues phrafes harmoniques ; cette loi qui demande qu'il y ait entre un accord & celui qui le fuit, au moins un fon commun, refteroit-elle donc ici fans application ? Ce fon commun, à votre avis, ne reffemble-t-il pas beaucoup au moyen terme du fyllogifme. Et que fera-ce que cette analogie qu'on remarque entre certaines ames, qu'un jeu de la nature qui s'eſt amuſée à mettre deux timbres l'un à la quinte & l'autre à la tierce d'un troiſiéme. Avec la fécondité de ma comparaiſon & la folie de Pythagore, je vous démontrerois la ſageſſe de cette loi des Scythes, qui ordonnoit d'avoir un ami, qui en permettoit deux & qui en défendoit trois. Parmi les Scythes, vous dirois-je, une tête étoit mal timbrée, si le son princicipal qu'elle rendoit n'avoit dans la societé aucun harmonique; trois amis formoient l'accord parfait; un quatriéme ami surajouté, ou n'eût été que la replique de l'un des trois autres, ou bien il eût rendu l'accord dissonant.

Mais je laisse ce langage figuré que j'employerois tout au-plus pour récréer & fixer l'esprit volage d'un enfant, & je reviens au ton de la Philosophie à *qui il faut des raisons & non des comparaisons.*

En examinant les discours que la sensation de la faim ou de la soif faisoient tenir en différentes circonstances, on eut souvent occasion de s'appercevoir que les mêmes expressions s'employoient pour rendre des vues de l'esprit qui n'étoient pas les mêmes; & l'on inventa les signes *vous, lui, moi, le* & une infinité d'autres qui parti-

particularisent. L'état de l'ame dans un instant indivisible fut représenté par une foule de termes que la précision du langage exigea, & qui distribuerent une impression totale en parties: & parce que ces termes se prononçoient successivement, & ne s'entendoient qu'à mesure qu'ils se prononçoient, on fut porté à croire que les affections de l'ame qu'ils représentoient avoient la même succes-

L

sion. Mais il n'en est rien. Autre chose est l'état de notre ame ; autre chose le compte que nous en rendons soit à nous même, soit aux autres : autre chose la sensation totale & instantanée de cet état ; autre chose l'attention successive & détaillée que nous sommes forcés d'y donner pour l'analiser, la manifester & nous faire entendre. Notre ame est un tableau mouvant d'après lequel nous peignons sans cesse : nous employons bien du tems à le rendre avec fidélité ; mais il éxiste en entier & tout à la fois : l'esprit ne va pas à pas comptés comme l'expression. Le pinceau n'exécute qu'à la longue ce que l'œil du Peintre embrasse tout d'un coup. La formation des langues exigeoit la décomposition ; mais *voir* un objet, le *juger* beau, *éprouver* une sensation agréable, *défi-*

rer la possession, c'est l'état de l'ame dans un même instant ; & ce que le grec & le latin rendent par un seul mot. Ce mot prononcé, tout est dit, tout est entendu. Ah! Monsieur, combien notre entendement est modifié par les signes ; & que la diction la plus vive est encore une froide copie de ce qui s'y passe :

Les Ronces dégoutantes
Portent de ses cheveux les dépouilles sanglantes.

Voilà une des Peintures les plus ressemblantes que nous ayons. Cependant qu'elle est encore loin de ce que j'imagine!

Je vous exhorte, Monsieur, à peser ces choses; si vous voulez sentir combien la question des inversions est compliquée. Pour moi qui m'occupe plutôt à former des nuages qu'à les dissiper, & à suspendre les jugemens qu'à juger, je vais vous démontrer encore que si le Paradoxe que je viens d'avancer n'est pas vrai, si nous n'avons pas plusieurs perceptions à la fois; il est impossible de raisonner & de discourir. Car discourir ou raisonner c'est comparer deux ou plusieurs idées. Or comment comparer des idées qui ne sont pas présentes à l'esprit dans le même tems? Vous ne pouvez me nier que nous n'ayons à la fois plusieurs sensations, comme celles de la couleur d'un corps & de sa figure; or je ne vois pas quel privilege les sensations auroient sur les idées abstraites & intellectuelles. Mais la mémoire, à votre avis, ne suppose-t'elle pas dans un jugement deux idées à la fois présentes à l'esprit ? l'idée qu'on a actuellement, & le souvenir de celle qu'on a eue? Pour moi, je pense que c'est par cette raison que le jugement & la grande mémoire vont si rarement ensemble. Une grande mémoire suppose une grande facilité d'avoir à la fois ou rapidement plusieurs idées différentes ; & cette facilité nuit à la comparaison tranquille d'un petit nombre d'idées que l'esprit doit, pour ainsi dire, envisager fixement. Une tête meublée d'un grand nombre de choses disparates, est assez semblable à une Bibliotheque de volumes dépareillés. C'est une de ces compilations germaniques, hérissées sans raison & sans goût, d'Hébreu, d'Arabe, de Grec, & de Latin, qui sont déja fort grosses, qui grossissent encore, qui grossiront toujours, & qui n'en seront que plus mauvaises. C'est un de ces magasins remplis d'analyses & de jugemens d'Ouvrages que l'Analiste n'a point entendus ; magasins de marchandises mêlées, dont il n'y a proprement que le Bordereau qui lui appartienne : c'est un Commentaire où l'on rencontre souvent ce qu'on ne cherche point ; rarement ce qu'on cherche, & presque toujours les choses dont on a besoin, égarées dans la foule des inutiles.

Une conséquence de

ce qui précéde, c'est qu'il n'y a point & que peut-être même, il ne peut y avoir d'inversion dans l'esprit, sur-tout si l'objet de la contemplation est abstrait & métaphysique; & que quoique le Grec dise νικῆσαι ὀλύμπια θέλεις, κ'ἀγὼ νὴ τὺς θεὺς; κομψὸν γάρ ἐστιν, & le Latin *honores plurimùm valent apud prudentes, si sibi collatos intelligant*; la syntaxe Françoise, & l'entendement gêné par la syntaxe, grecque ou latine, disent sans inversion, *" Vous voudriez bien être " de l'Academie Fran- " çoise ? & moi aussi ; " car c'est un honneur ; " & le sage peut faire cas " d'un honneur qu'il sent " qu'il mérite."* Je ne voudrois donc pas avancer généralement & sans distinction que les Latins ne renversent point, & que c'est nous qui renversons. Je dirois seulement qu'au lieu de comparer notre phrase à l'ordre didactique des idées, si on la compare à l'ordre d'invention des mots, au langage des gestes auquel le langage Oratoire a été substitué par dégrez, il paroît que nous renversons, & que de tous les peuples de la terre, il n'y en a point qui ait autant d'inversions que nous. Mais que si l'on compare notre construction à celle des vuës de l'esprit assujetti par la syntaxe grecque ou latine, comme il est naturel de faire, il n'est guéres possible d'avoir moins d'inversions que nous n'en avons. Nous disons les choses en François, comme l'esprit est forcé de les considérer, en quelque langue qu'on écrive. Ciceron a, pour ainsi dire, suivi la syntaxe Françoise, avant que d'obéir à la syntaxe latine.

D'où il s'enfuit, ce me semble, que la communication de la pensée étant l'objet principal du langage, notre langue est de toutes les langues la plus châtiée, la plus exacte & la plus estimable ; celle en un mot qui a retenu le moins de ces négligences que j'appellerois volontiers des restes de la *balbutie* des premiers âges. Ou pour continuer le parallele sans impartialité, je dirois que nous avons gagné à n'avoir point d'inverſions, de la netteté, de la clarté, de la préciſion, qualités eſſentielles au diſcours ; & que nous y avons perdu de la chaleur, de l'éloquence & de l'énergie. J'ajouterois volontiers que la marche didactique & réglée à laquelle notre langue eſt aſſujettie la rend plus propre aux ſciences ; & que par les tours & les inverſions que le Grec, le Latin,

tin, l'Italien, l'Anglois se permettent, ces langues sont plus avantageuses pour les lettres. Que nous pouvons mieux qu'aucun autre peuple faire parler l'esprit, & que le bon sens choisiroit la Langue Françoise ; mais que l'imagination & les passions donneroient la préférence aux langues anciennes & à celles de nos voisins. Qu'il faut parler François dans la Societé &

dans les Ecoles de Philosophie; & Grec, Latin, Anglois dans les Chaires & sur les Théâtres : que notre langue sera celle de la vérité, si jamais elle revient sur la terre; & que la Grecque, la Latine, & les autres seront les Langues de la fable & du mensonge. Le François est fait pour instruire, éclairer & convaincre; le Grec, le Latin, l'Italien, l'Anglois pour persuader, émouvoir &

tromper ; parlez Grec, Latin, Italien au Peuple, mais parlez François au Sage.

Un autre défavantage des Langues à inversions, c'est d'exiger soit du Lecteur soit de l'Auditeur, de la contention & de la mémoire. Dans une phrase Latine ou Grecque un peu longue, que de cas, de régimes, de terminaisons à combiner, on n'entend presque rien qu'on ne soit à la fin. Le

François ne donne point cette fatigue. On le comprend à mesure qu'il est parlé. Les idées se présentent dans notre discours suivant l'ordre que l'esprit a dû suivre, soit en Grec, soit en Latin, pour satisfaire aux Regles de la Syntaxe. La Bruyere vous fatiguera moins à la longue que Tite - Live. L'un est pourtant un Moraliste profond, l'autre un Historien clair. Mais cet

Historien enchasse si bien ses phrases, que l'esprit sans cesse occupé à les déboëter les unes dedans les autres, & à les restituer dans un ordre didactique & lumineux, se lasse de ce petit travail, comme le bras le plus fort, d'un poids leger qu'il faut toujours porter. Ainsi, tout bien considéré, notre langue *pédestre* a sur les autres l'avantage de l'utile sur l'agréable.

Mais une des choses qui nuisent le plus dans notre langue & dans les langues anciennes à l'ordre naturel des idées, c'est cette harmonie du style à laquelle nous sommes devenus si sensibles, que nous lui sacrifions souvent tout le reste. Car il faut distinguer dans toutes les langues trois états par lesquels elles ont passé successivement au sortir de celui où elles n'étoient qu'un mêlange confus de cris & de gestes, mêlange qu'on pourroit appeller du nom de langage animal. Ces trois états sont l'état de *naissance* ; celui de *formation*, & l'état de *perfection*. La langue naissante étoit un composé de mots & de gestes où les adjectifs sans genre ni cas, & les verbes sans conjugaisons ni régimes conservoient par tout la même terminaison ; dans la langue formée, il y avoit des mots, des cas, des genres, des conjugaifons, des régimes, en un mot les fignes oratoires néceffaires pour tout exprimer, mais il n'y avoit que cela. Dans la langue perfectionnée, on a voulu de plus de l'harmonie, parce qu'on a crû qu'il ne feroit pas inutile de flatter l'oreille en parlant à l'efprit. Mais comme on préfere fouvent l'acceffoire au principal ; fouvent auffi l'on a renverfé l'ordre des idées pour

pour ne pas nuire à l'harmonie. C'est ce que Ciceron a fait en partie dans la période pour Marcellus. Car la premiere idée qui a dû frapper ses Auditeurs, après celle de son long silence, c'est la raison qui l'y a obligé ; il devoit donc dire *Diuturni silentii, quo, non timore aliquo, sed partim dolore, partim verecundiâ, eram his temporibus usus, finem hodiernus dies attulit.* Comparez cette phrase avec la sienne, vous ne trouverez d'autre raison de préférence que celle de l'harmonie. De même dans une autre phrase de ce grand Orateur, *Mors, terrorque Civium ac sociorum Romanorum*, il est évident que l'ordre naturel demandoit *terror morsque*. Je ne cite que cet exemple parmi une infinité d'autres.

Cette observation peut nous conduire à examiner s'il est permis de sacrifier quelquefois l'ordre naturel à l'harmonie. On ne doit, ce me semble, user de cette licence que, quand les idées qu'on renverse sont si proches l'un de l'autre, qu'elles se présentent presqu'à la fois à l'oreille & à l'esprit, à peu près comme on renverse la basse fondamentale en basse continue pour la rendre plus chantante ; quoique la basse continue ne soit véritablement agréable qu'autant que l'oreille y demêle la progreffion naturelle de la baffe fondamentale qui l'a fuggerée. N'allez pas vous imaginer à cette comparaifon que c'eft un grand Muficien qui vous écrit. Il n'y a que deux jours que je commence à l'être. Mais vous fçavez combien l'on aime à parler de ce qu'on vient d'apprendre.

Il me femble qu'on

pourroit trouver plusieurs autres raports entre l'harmonie du style & l'harmonie Musicale. Dans le style, par exemple, lorsqu'il est question de peindre de grandes choses ou des choses surprenantes, il faut quelquefois sinon sacrifier, du moins alterer l'harmonie & dire :

Magnum Jovis incrementum.
Nec Brachia longo
Margine terrarum porrexerat Amphitrite.
Ferte citi ferrum, date tela, scandite muros.
Vita quoque omnis
Omnibus è nervis atque ossibus exsolvatur.
Longo sed proximus intervallo.

Ainsi dans la Musique, il faut quelquefois dérouter l'oreille pour surprendre & contenter l'imagination. On pourroit observer aussi, qu'au lieu que les licences dans l'arrangement des mots ne sont jamais permises qu'en faveur de l'harmonie du style; les licences dans l'harmonie Musicale ne le sont au contraire souvent que pour faire naître plus exactement & dans l'ordre le plus naturel les idées que le Musicien veut exciter.

Il faut distinguer dans tout discours en général la pensée & l'expression; si la pensée est rendüe avec clarté, pureté & précision, ç'en est assez pour la conversation familiere : joignez à ces qualités le choix des termes, avec le nombre & l'harmonie de la Période; & vous aurez le style qui convient à la Chaire;

mais vous serez encore loin de la Poësie; sur-tout de la Poësie que l'Ode & le Poëme Epique déployent dans leurs descriptions. Il passe alors dans le discours du Poëte un esprit qui en meut & vivifie toutes les syllabes. Qu'est-ce que cet esprit ? j'en ai quelquefois senti la présence; mais tout ce que j'en sçais, c'est que c'est lui qui fait que les choses sont dites & représentées tout à la fois ; que dans le même tems que l'entendement les saisit; l'ame en est emuë, l'imagination les voit, & l'oreille les entend ; & que le discours n'est plus seulement un enchaînement de termes énergiques qui exposent la pensée avec force & noblesse, mais que c'est encore un tissu d'Hyéroglyfes entassés les uns sur les autres qui la peignent. Je pourrois dire en ce sens que toute Poësie est emblématique.

Mais l'intelligence de l'emblême Poëtique n'est pas donnée à tout le monde. Il faut être presqu'en état de le créer pour le sentir fortement. Le Poëte dit :

Et des fleuves François les eaux ensan-
  glantées
Ne portoient que des morts aux Mers
  épouvantées.

Mais qui est-ce qui voit dans la premiere syllabe de *Portoient*, les Eaux gonflées de cadavres, & le cours des fleuves comme suspendu par cette digue ? Qui est-ce qui voit la masse des eaux & des cadavres s'affaisser & descendre vers les Mers à la seconde syllabe du même mot ? l'effroi des Mers est montré à tout lecteur dans *Epouvantées* ; mais la prononciation emphatique de sa troisiéme syllabe me découvre encore leur vaste étenduë. Le Poëte dit :

Soupire, étend les bras, ferme l'œil & s'endort.

Tous s'écrient que cela est beau! Mais celui qui s'assure du nombre des syllabes d'un Vers par ses doigts, sentira-t'il combien il est heureux pour un Poëte qui a le *soupir* à peindre, d'avoir dans sa langue un mot dont la premiere syllabe est sourde, la seconde tenuë & la derniere muette. On lit *étend les bras*, mais on ne soupçonne guéres la longueur & la lassitude des bras d'être repréſentées dans ce monoſyllabe pluriel ; ces bras étendus retombent ſi doucement avec le premier hémiſtiche du Vers, que preſque perſonne ne s'en apperçoit, non plus que du mouvement ſubit de la paupiere dans *ferme l'œil*, & du paſſage imperceptible de la veille au ſommeil dans la chute du ſecond hémiſtiche *ferme l'œil & s'endort.*

L'homme de goût remarquera sans doute que le Poëte a quatre actions à peindre, & que son vers est divisé en quatre membres : que les deux dernieres actions sont si voisines l'une de l'autre, qu'on ne discerne presque point d'intervalles entr'elles, & que des quatre membres du vers, les deux derniers unis par une conjonction & par la vîtesse de la Prosodie de l'avant dernier, sont aussi presqu'indivisibles: que chacune de ces actions prend de la durée totale du vers, la quantité qui lui convient par sa nature; & qu'en les renfermant toutes quatre dans un seul vers, le Poëte a satisfait à la promptitude avec laquelle elles ont coûtume de se succéder. Voilà, Monsieur, un de ces Problêmes que le Genie poëtique résout sans se les proposer. Mais cette solution est-elle à la portée de tous les Lecteurs ? Non, Monsieur, non; aussi je m'attends bien que ceux qui n'ont pas saisi d'eux-mêmes ces Hyeroglifes en lisant le vers de Despreaux (& ils seront en grand nombre) riront de mon Commentaire, se rappelleront celui du *Chef-d'œuvre d'un inconnu*, & me traiteront de visionnaire.

Je croyois avec tout
le

le monde, qu'un Poëte pouvoit être traduit par un autre : c'est une erreur, & me voilà désabusé. On rendra la pensée, on aura peut-être le bonheur de trouver l'équivalent d'une expression ; Homere aura dit ἐκλαγξαν δ'ἄρ ὀϊςοὶ & l'on rencontrera *tela sonant humeris*; c'est quelque chose, mais ce n'est pas tout. L'Emblême délié, l'hiéroglyfe subtil qui regne dans une description entiere ;

O

& qui dépend de la distribution des longues & des bréves dans les langues à quantité marquée, & de distribution des voyelles entre les consonnes dans les mots de toute langue; tout cela disparoît nécessairement dans la meilleure traduction.

Virgile dit d'Euryale blessé dun coup mortel

pulchrosque per artus
It cruor; inque humeros cervix collapsa
 recumbit,
Purpureus veluti cum flos succisus aratro

Languescit moriens; lassove papavera collo
Demisére caput, pluviâ cum forte gravantur.

Je ne ferois gueres plus étonné de voir ces vers s'engendrer par quelque jet fortuit de caracteres, que d'en voir passer toutes les beautés hyérogliphiques dans une traduction ; & l'image d'un jet de sang, *it cruor;* & celle de la tête d'un moribond qui retombe sur son épaule, *Cervix collapsa recumbit* ; & le bruit d'une faulx * qui scie, *succisus* ; & la défaillance de *languescit moriens* ; & la mollesse de la tige du Pavot *lassove papavera collo* ; & le *demisere caput* & le *gravantur* qui finit le Tableau. *Demisere* est aussi mol que la tige d'une fleur ; *gravantur*, pese autant que son calice chargé de pluye. *Collapsa* marque effort

* *Aratrum* ne signifie point une faulx ; mais on verra plus bas pourquoi je le traduis ainsi.

& chûte. Le même Hiéroglyfe double se trouve à *papavera*. Les deux premieres syllabes tiennent la tête du Pavot droite, & les deux dernieres l'inclinent. Car vous conviendrez que toutes ces images sont renfermées dans les quatre vers de Virgile, vous qui m'avez parû quelquefois si touché de l'heureuse Parodie qu'on lit dans Pétrone du *lassove papavera collo* de Virgile, appliqué à la foiblesse d'Ascylte au sortir des bras de Circé. Vous n'auriez pas été si agréablement affecté de cette application, si vous n'eussiez reconnu dans le *lasso papavera collo*, une peinture fidelle du désastre d'Ascylthe.

Sur l'Analyse du passage de Virgile, on croiroit aisément qu'il ne me laisse rien à desirer, & qu'après y avoir remarqué plus de beautés, peut-être qu'il n'y en a; mais plus à coup sûr que le Poëte n'y en a voulu mettre, mon imagination & mon goût doivent être pleinement satisfaits. Point du tout, Monsieur : je vais risquer de me donner deux ridicules à la fois, celui d'avoir vû des beautés qui ne sont pas, & celui de reprendre des défauts qui ne sont pas davantage. Vous le dirai-je ? je trouve le *Gravantur* un peu trop lourd pour la tête legere d'un Pavot; & *l'aratro* qui fuit le *fuccifus* ne me paroît pas en achever la peinture hyeroglyphique. Je fuis prefque fûr qu'Homere eût placé à la fin de fon Vers un mot qui eût continué à mon oreille le bruit d'un inftrument qui fcie, ou peint à mon imagination la chute molle du fommet d'une fleur.

C'eft la connoiffance, ou

ou plutôt le sentiment vif de ces expressions hierogliphyques de la Poësie, perdues pour les lecteurs ordinaires, qui décourage les imitateurs de Génie. C'est-là ce qui faisoit dire à Virgile qu'il étoit aussi difficile d'enlever un Vers à Homere que d'arracher un clou à la massuë d'Hercule. Plus un Poëte est chargé de ces hyerogliphes, plus il est difficile à rendre; & les

P

Vers d'Homere en fourmillent. Je n'en veux pour exemple que ceux où Jupiter aux sourcils d'ébenne, confirme à Thetys aux épaules d'yvoire, la promesse de venger l'injure faite à son fils.

ἦ ϰαὶ ϰυανέησιν ἐπ' ὀφρύσι νεῦσε ϰρονίων.
ἀμϐρόσιαι δ' ἄρα χαῖται ἐπερρώσαντο ἄναϰ]ος
ϰρατὸς ἀπ' ἀθανάτοιο. μέγαν δ'ἐλέλιξεν ϟι λυμπον.

Combien d'images dans ces trois Vers ! on voit le froncement des sourcils de Jupiter dans ἐπ᾽ ὀφρύσι, dans νεῦσε Κρονίων, & sur tout dans le redoublement heureux des κ, d'ῆ̓ς κὐ κυανέησιν : la descente & les ondes de ses cheveux dans ἐπερρώσαντο ἄνακτος ; la tête immortelle du Dieu majestueusement relevée par l'élision d'ἀπὸ dans κρατὸς ἀπ᾽ ἀθανάτοιο : l'ébranlement de l'Olympe dans les deux premieres syllabes d'ἐλέλιξεν : la masse & le bruit de l'Olympe

P 2

dans les dernieres de μέγαν & d'ἐλέλιξεν, & dans le dernier mot entier où *l'Olympe ébranlé retombe avec le Vers*, ολυμπον.

Ce Vers qui s'est rencontré au bout de ma plume, rend, foiblement à la vérité, deux hieroglyphes. L'un de Virgile & l'autre d'Homere. L'un d'ébranlement & l'autre de chute.

Où l'Olympe ébranlé retombe avec le vers.
Hom. ἐλέλιξεν ολυμπον, Virg. *Procumbit humi bos.*

C'est le retour des λ dans ἐλέλιξεν ολυμπον, qui réveille l'idée d'ébranlement. Le même retour des *L* se fait dans *où l'Olympe ébranlé*, mais avec cette différence que les *L* y étant plus éloignées les unes des autres que dans ἐλέλιξεν ολυμπον, l'ébranlement est moins promt & moins analogue au mouvement des sourcils. *Retombe avec le vers*, rendroit assez bien *le procumbit humi bos*, sans la prononciation de *vers* qui est moins sourde & moins emphatique que celle de *Bos*, qui d'ailleurs se sépare beaucoup mieux d'avec *humi* que *vers* ne se sépare d'avec l'article *le*, ce qui rend le monosyllabe de Virgile plus isolé que le *mien*, & la chute de son *Bos* plus complette & plus lourde que celle de mon *vers*.

Une réflexion qui ne sera guéres plus déplacée

ici que la harangue de l'Empereur du Mexique dans le chapitre des Coches de Montagne, c'est qu'on avoit une étrange vénération pour les Anciens, & une grande frayeur de Despreaux, lorsqu'on s'avisa de demander s'il falloit ou non entendre les deux Vers suivans d'Homere comme Longin les a entendus & comme Boileau & la Motte les ont traduits.

Jupiter pater, sed tu libera à caligine filios Achivorum.

Ζευ πάτερ, ἀλλὰ σὺ ῥῦσαι ὑπ' ἠέρος ἥιας ἀ-
χαιῶν.

Fac serenitatem, daque oculis videre.

ποίησον δ' αἴθρην, δὸς δ' ὀφθαλμοῖσιν ἰδέσθαι.

Et in lucem perde nos, quando quidem tibi placuit ita.

ἐν δὲ φάει κ̀ ἐλέσσον, ἐπεὶ τὸ τοι εὐάδεν οὕτως.

Grand Dieu, chasse la nuit qui nous couvre les yeux,

Et combats contre nous à la clarté des Cieux.

Boil.

Voilà, s'écrie Boileau avec le Rheteur Longin, les véritables sentimens d'un guerrier. Il ne demande pas la vie ; un héros n'étoit pas capable de cette bassesse ; mais comme il ne voit point d'occasion de signaler son courage au milieu de l'obscurité, il se fâche de ne point combattre ; il demande donc en hâte que le jour paroisse pour faire au moins une fin digne de son grand cœur, quand il devroit avoir à combattre Jupiter même.

<blockquote>
Grand Dieu, rens nous le jour & combats contre nous !   *La Motte.*
</blockquote>

Eh ! Messieurs, répondrai-je à Longin & à Boileau ; il ne s'agit point des sentimens que doit avoir un guerrier, ni du discours qu'il doit tenir dans la circonstance où se trouve Ajax ; Homere sçavoit aparemment ces choses aussi bien que vous ; mais de traduire fidelement deux vers d'Homere. Et si par hazard il n'y avoit rien dans ces vers de ce que vous y louez ; que deviendroient vos éloges & vos refléxions. Que faudroit-il penser de Longin, de la Motte & de Boileau ; si par hazard ils avoient supposé des fanfaronnades impies, où il n'y a qu'une priere sublime & pathétique ; & c'est justement ce qui leur est arrivé. Qu'on lise & qu'on relise tant qu'on voudra, les deux vers d'Homere, on n'y verra pas autre chose que, Pere des Dieux & des hommes, Ζευ πατερ; chasse la nuit qui nous couvre les yeux, & puisque tu as résolu de nous perdre, perds nous du moins à la clarté des cieux.

Faudra-t'il sans combats terminer sa carriere?
Grand Dieu, chassez la nuit qui nous couvre les yeux
Et que nous perissions à la clarté des cieux.

Si cette traduction ne rend pas le pathétique des vers d'Homere ; du moins on n'y trouve plus le contrefens de celle de la Motte & de Boileau.

Il n'y a là aucun défi à Jupiter : on n'y voit qu'un heros prêt à mourir, si c'est la volonté de

Jupiter; & qui ne lui demande d'autre grace que celle de mourir en combattant Ζεῦ πατερ; *Jupiter! Pater!* Est-ce ainsi que le Philopsohe Menipe s'adresse à Jupiter!

Aujourd'hui qu'on est à l'abri des hémistiches du rédoutable Despreaux, & que l'esprit philosophique nous a appris à ne voir dans les choses que ce qui y est, & à ne loüer que ce qui est véritablement beau; j'en appelle à tous les sçavans

& à tous les gens de goût, à Mr de Voltaire, à Mr. de Fontenelle, &c... & je leur demande si Despreaux & la Motte n'ont pas defiguré l'Ajax d'Homere ; & si Longin n'a pas trouvé qu'il n'en étoit que plus beau. Je sçais quels hommes ce sont que Longin, Despreaux & la Motte. Je reconnois tous ces Auteurs pour mes Maîtres ; & ce n'est point eux que j'attaque. C'est Homere que j'ose défendre.

L'endroit du serment de Jupiter & mille autres que j'aurois pû citer, prouvent assez qu'il n'est pas nécessaire de prêter des beautés à Homere ; & celui du Discours d'Ajax ne prouve que trop qu'en lui en prêtant on risque de lui ôter celles qu'il a. Quelque génie qu'on ait, on ne dit pas mieux qu'Homere, quand il dit bien. Entendons-le du moins, avant que de tenter d'encherir sur lui. Mais il est tellement chargé de ces hiéroglyphes poëtiques dont je vous entretenois tout à l'heure, que ce n'eſt pas à la dixiéme lecture qu'on peut ſe flatter d'y avoir tout vû. On pourroit dire que Boileau a eu dans la Litterature le même ſort que Deſcartes en Philoſophie, & que ce ſont eux qui nous ont appris à relever les petites fautes qui leur ſont échapées.

Si vous me demandez en quel tems l'hiéroglyfe ſyl-

syllabique s'est introduit dans le langage. Si c'est une proprieté du langage naissant, ou du langage formé, ou du langage perfectionné. Je vous répondrai que les hommes en instituant les premiers élémens de leur langue, ne suivirent, selon toute apparence, que le plus ou le moins de facilité qu'ils rencontrerent dans la conformation des organes de la parole, pour prononcer certaines syllabes plutôt que d'autres; sans consulter le rapport que les élémens de leurs mots pouvoient avoir ou par leur quantité, ou par leurs sons, avec les qualités physiques des Etres qu'ils devoient désigner. Le son de la voyelle A se prononçant avec beaucoup de facilité, fut le premier employé. Et on le modifia en mille manieres différentes avant que de recourir à un autre son. La langue Hébraïque vient à l'appui de cette conjecture. La plûpart de ſes mots ne ſont que des modifications de la voyelle A. Et cette ſingularité du Langage ne dément point ce que l'hiſtoire nous apprend de l'ancienneté du Peuple. Si l'on examine l'Hébreu avec attention, on prendra néceſſairement des diſpoſitions à le reconnoître pour le langage des premiers habitans de la terre. Quant aux Grecs, il y avoit long-tems qu'ils parloient, & ils devoient avoir les organes de la prononciation très - exercés, lorſqu'ils introduiſirent dans leurs mots la quantité, l'harmonie, & l'imitation ſyllabique des mouvemens & des bruits phyſiques. Sur le penchant qu'on remarque dans les enfans, quand ils ont à déſigner un être dont ils ignorent le nom, de ſuppléer au nom par quelqu'une des qualités senfibles de l'Etre ; je préfume que ce fut en paffant de l'état de langage naiffant à celui de langage formé, que la langue s'enrichit de l'harmonie fyllabique ; & que l'harmonie périodique s'introduifit dans les ouvrages, plus ou moins marquée, à mefure que le langage s'avança de l'état de langage formé, à celui de langage perfectionné.

Quoi qu'il en foit de

ces dates, il est constant que celui à qui l'intelligence des proprietés hiéroglyphiques des mots n'a pas été donnée, ne saisira souvent dans les Epithetes que le matériel, & sera sujet à les trouver oisives; il accusera des idées d'être lâches ou des images d'être éloignées, parce qu'il n'appercevra pas le lien subtil qui les resserre. Il ne verra pas que, dans l'*it cruor* de Virgile, l'*it* est en même-tems analogue au jet du sang & au petit mouvement des gouttes d'eau sur les feuilles d'une fleur; & il perdra une de ces bagatelles qui reglent les rangs entre les Ecrivains excellens.

La lecture des Poëtes les plus clairs a donc aussi sa difficulté; oui sans doute; & je puis assurer qu'il y a mille fois plus de gens en état d'entendre un Géometre qu'un Poëte, parce qu'il y a mille gens de bon sens contre un homme de goût; & mille personnes de goût contre une d'un goût exquis.

On m'écrit que dans un Discours prononcé par M. l'Abbé de Bernis, le jour de la réception de M. de Bissy à l'Académie Françoise, Racine est accusé d'avoir manqué de goût dans l'endroit où il a dit d'Hippolite

Il suivoit tout pensif le chemin de Mycenes.

Sa main sur les chevaux laissoit flotter les rênes.

Ses superbes Coursiers qu'on voyoit autrefois

Pleins d'une ardeur si noble obéir à sa voix,

L'œil morne maintenant, & la tête baissée,

Sembloient se conformer à sa triste pensée.

Si c'est la description en elle-même que M. l'Abbé de Bernis attaque, ainsi qu'on me l'assure ; & non le hors de propos, il seroit difficile de vous donner une preuve plus récente & plus forte de ce que je viens d'avancer sur la difficulté de la lecture des Poëtes.

On n'apperçoit rien, ce me semble, dans les vers précédens qui ne caracterise l'abatement & le chagrin.

Il suivoit tout pensif le chemin de Mycenes.
Sa main sur les chevaux laissoit flotter les rênes.

Les chevaux est bien mieux que *ses chevaux*; mais combien l'image de ce qu'étoient ces superbes Coursiers, n'ajoûte-t'elle pas à l'image de ce qu'ils font devenus ? La nuta-tion de tête d'un cheval qui chemine attristé, n'est-elle pas imitée dans une certaine nutation syllabique du vers

L'œil morne maintenant & la tête baiſ-ſée.

Mais voyez comme le Poëte ramene les circonſ-tances à ſon Héros. ...

.... Ses ſuperbes Courſiers, &c.
Sembloient ſe conformer à ſa triſte pen-ſée.

Le *ſembloient* me pa-roît trop ſage pour un Poëte. Car il eſt conſtant que les animaux qui s'attachent à l'homme sont sensibles aux marques extérieures de sa joie & de sa tristesse. L'Eléphant s'afflige de la mort de son conducteur. Le Chien mêle ses cris à ceux de son maître ; & le Cheval s'attriste si celui qui le guide est chagrin.

La description de Racine est donc fondée dans la nature : elle est noble ; c'est un tableau poëtique qu'un Peintre imiteroit avec succès. La poësie, la Peinture, le bon goût & la vérité concourent donc à venger Racine de la critique de M. l'Abbé de Bernis.

Mais si l'on nous faisoit remarquer *à Louis le Grand* toutes les beautés de cet endroit de la Tragédie de Racine, on ne manquoit pas de nous avertir en même-tems, qu'elles étoient déplacées dans la bouche de Théramène, & que Thésée auroit eu raison de l'arrêter & de lui dire ; eh laissez-là le Char & les Chevaux de mon fils ; & parlez-moi de lui. Ce n'est pas ainsi, nous ajoûtoit le célebre Porée, qu'Antiloche annonce à Achille la mort de Patrocle. Antiloche s'approche du Héros, les larmes aux yeux, & lui apprend en deux mots la terrible nouvelle,

δάκρυα θερμὰ χέων φάτο δ' αγγελίην αλεγεινὴν
κεῖται πατροκλοσ &c.

” Patrocle n'est plus.

„ On combat pour son
„ cadavre. Hector à ses
„ armes. „ Il y a plus de
sublime dans ces deux
vers d'Homere que dans
toute la pompeuse dé-
clamation de Racine.
*Achille, vous n'avez
plus d'ami & vos ar-
mes sont perduës...* A
ces mots qui ne sent
qu'Achille doit voler au
combat? Lorsqu'un mor-
ceau péche contre le dé-
cent & le vrai, il n'est
beau ni dans la Tragédie

ni dans le Poëme épique. Les détails de celui de Racine ne convenoient que dans la bouche d'un Poëte parlant en son nom, & décrivant la mort d'un de ses Héros.

C'est ainsi que l'habile Rhéteur nous instruisoit. Il avoit certes de l'esprit & du goût ; & l'on peut dire de lui que *ce fut le dernier des Grecs.* Mais ce *Philopemene* des Rhéteurs faisoit ce qu'on fait aujourd'hui. Il remplissoit d'esprit ses ouvrages, & il sembloit réserver son goût pour juger des ouvrages des autres.

Je reviens à M. l'Abbé de Bernis. A-t'il prétendu seulement que la description de Racine étoit déplacée ? c'est précisément ce que le P. Porée nous apprenoit il y a trente à quarante ans. A-t'il accusé de mauvais goût l'endroit que je viens de citer? L'idée est nouvelle; mais est-elle juste ?

Au reste, on m'écrit encore qu'il y a dans le discours de M. l'Abbé de Bernis des morceaux bien pensés, bien exprimés & en grand nombre : vous en devez sçavoir là-dessus plus que moi ; vous, Monsieur, qui ne manquez aucune de ces occasions où l'on se promet d'entendre de belles choses. Si par hazard il ne se trouvoit dans le discours de M. l'Abbé de Bernis rien de ce que j'y viens de reprendre, & qu'on m'eût fait un rapport infidele; cela n'en prouveroit que mieux l'utilité d'une bonne Lettre à l'usage de ceux qui entendent & qui parlent.

Partout où l'hiéroglyphe accidentel aura lieu; soit dans un vers, soit sur un obélisque; comme il est ici l'ouvrage de l'imagination, & là celui du mystere; il exigera pour être entendu ou une imagination ou une sagacité peu communes.

Mais s'il est si difficile de bien entendre des vers ; combien ne l'est-il pas davantage d'en faire. On me dira peut-être *tout le monde fait des vers* ; & je répondrai simplement *presque personne ne fait des vers*. Tout art d'imitation ayant ses hiéroglyphes particuliers, je voudrois bien que quelqu'esprit instruit & délicat s'occupât un jour à les comparer entr'eux.

Balancer les beautés

d'un Poëte avec celles d'un autre Poëte, c'est ce qu'on a fait mille fois. Mais rassembler les beautés communes de la Poësie, de la Peinture & de la Musique; en montrer les analogies; expliquer comment le Poëte, le Peintre & le Musicien rendent la même image; saisir les emblêmes fugitifs de leur expression; examiner s'il n'y auroit pas quelque similitude entre ces emblêmes, &c.

C'est ce qui reste à faire, & ce que je vous conseille d'ajoûter à vos beaux arts réduits à un même principe. Ne manquez pas non plus de mettre à la tête de cet ouvrage un Chapitre sur ce que c'est que la belle nature ; car je trouve des gens qui me soûtiennent que faute de l'une de ces choses votre traité reste sans fondement, & que faute de l'autre, il manque d'application. Apprenez-leur,

Monsieur, une bonne fois comment chaque art imite la nature dans un même objet ; & démontrez-leur qu'il est faux, ainsi qu'ils le prétendent, que toute nature soit belle, & qu'il n'y ait de laide nature que celle qui n'est pas à sa place. Pourquoi, me disent-ils, un vieux chêne gercé, tortu, ébranché, & que je ferois couper, s'il étoit à ma porte, est-il précisément celui que le Peintre y planteroit, s'il avoit à peindre ma chaumiere. Ce Chêne est-il beau? est-il laid? qui a raison du Propriétaire ou du Peintre? Il n'est pas un seul objet d'imitation sur lequel ils ne fassent la même difficulté & beaucoup d'autres. Ils veulent que je leur dise encore pourquoi une peinture admirable dans un Poëme deviendroit ridicule sur la toile? par quelle singularité le Peintre qui se proposeroit

roit de rendre avec son pinceau ces beaux vers de Virgile,

Intereà magno misceri murmure Pontum
Emissamque hiemem sensit Neptunus & imis
Stagna refusa vadis; graviter commotus, & alto
Prospiciens summâ placidum caput extulit undâ.

Par quelle singularité, disent-ils, ce Peintre ne pourroit prendre le moment frappant, celui où Neptune éleve sa tête hors des eaux : pourquoi le Dieu ne paroissant alors qu'un homme decollé, sa tête si majestueuse dans le Poëme, feroit-elle un mauvais effet sur les ondes? Comment arrive-t'il que ce qui ravit notre imagination déplaise à nos yeux? La belle nature n'est donc pas une pour le Peintre & pour le Poëte, continuent-ils; & Dieu sçait les conséquences qu'ils tirent de cet aveu. En attendant que vous me délivriez de ces raisonneurs

Vita quoque omnis
Omnibus è nervis atque ossibus exsolvatur.
Lucret.

Illa graves oculos conata attollere, rursùs
Deficit: infixum stridet sub pectore vulnus.
Ter sese attollens, cubitoque innixa levavit;
Ter revoluta toro est; oculisque errantibus, alto
Quæsivit cœlo lucem, ingemuitque repertâ.
Virg.

importuns, je vais m'amuser sur un seul exemple de l'imitation de la nature dans un même objet, d'après la Poësie, la Peinture & la Musique.

Cet objet d'imitation des trois arts est une femme mourante. Le Poëte dira.

Illa graves oculos conata attollere, rursùs

Deficit. Infixum stridet sub pectore vulnus.

Ter sese attollens cubitoque annexa levavit;

Ter revoluta toro est, oculisque errantibus alto

Quæsivit cœlo lucem, ingemuitque reperta :   *Virg.*

Ou   *vita quoque omnis Omnibus è nervis atque ossibus exsolvatur*   *Lucret.*

Le Musicien * commencera par pratiquer un intervalle de semi-ton en descendant (*a*); *illa graves oculos conata attollere rursus deficit.* Puis il montera par un intervalle de fausse quinte (*r*); & après un repos, par l'intervalle encore plus pénible de Triton (*b*); *ter*

* Voyez la pl.

Exemple.

Je me meurs, a mes yeux le jour cesse de lui-re.

sese attollens: Suivra un petit intervalle de semi-ton en montant (*c*); *oculis errantibus alto quæsivit cœlo lucem*. Ce petit intervalle en montant sera le rayon de lumiere. C'étoit le dernier effort de la moribonde; elle ira ensuite toujours en déclinant par des degrés conjoints (*d*), *revoluta toro est*. Elle expirera enfin & s'éteindra par un intervalle de demi ton (*e*), *vita quoque omnis, om-*

nibus è nervis atque ossibus exsolvatur. Lucrece peint la résolution des forces par la lenteur de deux spondées ; *exsolvatur* ; & le Musicien la rendra par deux blanches en degrés conjoints (*f*) ; la cadence sur la seconde de ces blanches sera une imitation très-frappante du mouvement vacillant d'une lumiere qui s'éteint.

Parcourez maintenant des yeux l'expression du

Peintre, vous y reconnoîtrez par tout *l'exsolvatur* de Lucrece, dans les jambes, dans la main gauche, dans le bras droit. Le Peintre n'ayant qu'un moment n'a pû rassembler autant de Symptômes mortels que le Poëte; mais en revanche, ils font bien plus frappans. C'est la chose même que le Peintre montre ; les expressions du Musicien & du Poëte n'en sont que des hiéroglyphes. Quand le Musicien sçaura son art, les parties d'accompagnement concoureront ou à fortifier l'expression de la partie chantante, ou à ajouter de nouvelles idées que le sujet demandoit, & que la partie chantante n'aura pû rendre. Aussi les premieres mesures de la basse seront-elles ici d'une harmonie très-lugubre qui résultera d'un accord de septiéme superfluë (g) mise comme

comme hors des régles ordinaires & suivie d'un autre accord diffonant de fauffe quinte (*h*.) Le refte fera un enchaînement de fixtes & de tierces molles (*k*) qui caracteriferont l'épuifement des forces, & qui conduiront à leur extinction. C'eft l'équivalent des Spondées de Virgile, *alto quæfivit cœlo lucem.*

Au refte, j'ébauche ici ce qu'une main plus habile peut achever. Je ne doute point que l'on ne trouvât dans nos Peintres, nos Poëtes & nos Musiciens des exemples & plus analogues encore les uns aux autres & plus frappants, du sujet même que j'ai choisi : Mais je vous laisse le soin de les chercher & d'en faire usage, à vous, Monsieur, qui devez être Peintre, Poëte, Philosophe & Musicien; car vous n'auriez pas tenté de réduire les beaux arts à un même

Principe, s'ils ne vous étoient pas tous à peu près également connus.

Comme le Poëte & l'Orateur sçavent quelquefois tirer parti de l'harmonie du style; & que le Musicien rend toujours sa composition plus parfaite quand il en bannit certains accords, & des accords qu'il employe, certains intervalles ; je loue le soin de l'Orateur & le travail du Musicien & du Poëte, autant que je blâme cette noblesse prétenduë qui nous a fait exclure de notre langue un grand nombre d'expressions énergiques. Les Grecs, les Latins qui ne connoissoient gueres cette fausse délicatesse, disoient en leur langue ce qu'ils vouloient, & comme ils le vouloient. Pour nous, à force de raffiner, nous avons appauvri la nôtre, & n'ayant souvent qu'un terme propre à rendre une idée, nous aimons mieux affoiblir l'idée que de ne pas employer un terme noble. Quelle perte pour ceux d'entre nos écrivains qui ont l'imagination forte, que celle de tant de mots que nous revoyons avec plaisir dans Amyot & dans Montagne. Ils ont commencé par être rejettés du beau style, parce qu'ils avoient passé dans le Peuple : & ensuite rebutés par le Peuple même, qui à la longue est toujours le singe des Grands, ils sont devenus tout-à-fait inusités. Je ne doute point que nous n'ayons bientôt, comme les Chinois, la langue *parlée* & la langue *écrite*. Ce sera, Monsieur, presque ma derniere reflexion. Nous avons fait assez de chemin ensemble, & je sens qu'il est tems de se séparer. Si je vous arrête encore un moment à la sortie du labyrinthe où je vous ai promené, c'est pour vous en rappeller en peu de mots les détours.

J'ai crû que pour bien connoître la nature des inversions, il étoit à propos d'examiner comment le langage oratoire s'étoit formé.

J'ai inféré de cet examen 1°. que notre langue étoit pleine d'inversions, si on la comparoit avec le langage animal, ou avec le premier état du langage oratoire, l'état où ce langage étoit sans cas, sans régime, sans déclinaisons, sans conjugaisons, en un mot sans syntaxe. 2°. Que si nous n'avions dans notre langue presque rien de ce que nous appellons inversion dans les langues anciennes, nous en étions peut-être redevables au Péripatéticisme moderne, qui réalisant les Etres abstraits, leur avoit assigné dans le discours la place d'honneur.

En appuyant sur ces premieres vérités, j'ai pensé que, sans remonter à l'origine du langage Oratoire, on pourroit s'en assurer par l'étude seule de la langue des Gestes.

J'ai proposé deux moyens de connoître la langue des Gestes ; les expériences sur un muet de convention, & la conversation assiduë avec un sourd & muet de naissance.

L'idée du muet de convention, ou celle d'ôter la parole à un homme pour s'éclairer fur la formation du langage, cette idée, dis-je, un peu généralifée m'a conduit à confidérer l'homme diftribué en autant d'Etres diftincts & féparés qu'il a de fens ; & j'ai conçû que, fi pour bien juger de l'intonation d'un Acteur, il falloit l'écouter fans le voir ; il étoit naturel de le regarder fans l'entendre, pour bien juger de son geste.

A l'occasion de l'énergie du geste, j'en ai rapporté quelques exemples frappants qui m'ont engagé dans la considération d'une sorte de sublime, que j'appelle *sublime de situation*.

L'ordre qui doit regner entre les gestes d'un sourd & muet de naissance, dont la conversation familiere m'a paru préférable aux experiences sur un muet de convention ; & la difficulté qu'on a de transmettre certaines idées à ce sourd & muet, m'ont fait distinguer entre les signes oratoires, les *premiers* & les *derniers* institués.

J'ai vû que les signes qui marquoient dans le discours les parties indéterminées de la *quantité*, & sur-tout celles *du tems*, avoient été du nombre des derniers institués ; & *j'ai compris* pourquoi quelques langues manquoient de plusieurs *tems*, & pourquoi d'autres langues faisoient un double emploi du même *tems*.

Ce manque de *tems* dans une langue, & cet abus des *tems* dans une autre, m'ont fait distinguer dans toute langue en général, trois états differents; l'état de *naissance*; celui de *formation*, & l'état de *perfection*.

J'ai vû sous la langue formée, l'esprit enchaîné par la syntaxe, & dans l'impossibilité de mettre entre ses Concepts l'ordre qui regne dans les Periodes Grecques & Latines. D'où *j'ai conclu*; 1°. que, quel que soit l'ordre des termes dans une langue ancienne ou moderne, l'esprit de l'écrivain a suivi l'ordre didactique de la syntaxe Françoise, 2°. que cette syntaxe étant la plus simple de toutes, la Langue Françoife avoit à cet égard, & à plufieurs autres, l'avantage fur les langues anciennes.

J'ai fait plus. *J'ai démontré* par l'introduction & par l'utilité de l'article *hic*, *ille* dans la Langue Latine & *le* dans la Langue Françoife; & par la néceffité d'avoir plufieurs perceptions à la fois pour former un jugement ou un difcours, que, quand l'efprit ne seroit point subjugué par les syntaxes Grecques & Latines, la suite de ses vues ne s'éloigneroit gueres de l'arrangement didactique de nos expressions.

En suivant le passage de l'état de langue formée à l'état de langue perfectionnée, *j'ai rencontré* l'harmonie.

J'ai comparé l'harmonie du style à l'harmonie musicale ; & *je me suis convaincu* 1°. que dans les

les mots la premiere étoit un effet de la *quantité*, & d'un certain entrelacement des voyelles avec les confonnes, fuggeré par l'inftinct; & que dans la periode, elle réfultoit de l'arrangement des mots. 2°. Que l'harmonie fyllabique, & l'harmonie périodique engendroient une efpece d'hiéroglyphe particulier à la Poëfie; & *j'ai confidéré* cet hiéroglyphe dans l'Analyfe de trois ou quatre

V

morceaux des plus grands Poëtes.

Sur cette analyse, *j'ai crû pouvoir assurer* qu'il étoit impossible de rendre un Poëte dans une autre langue, & qu'il étoit plus commun de bien entendre un Géometre qu'un Poëte.

J'ai prouvé par deux exemples la difficulté de bien entendre un Poëte. Par l'exemple de Longin, de Boileau & de la Motte qui se sont trompés sur un endroit d'Homere. Et par l'exemple de Monsieur l'Abbé de Bernis qui m'a paru s'être trompé sur un endroit de Racine.

Après avoir fixé la date de l'introduction de l'hiéroglyphe syllabique dans une langue, quelle qu'elle soit; *J'ai remarqué* que chaque art d'imitation avoit son hiéroglyphe, & qu'il seroit à souhaiter qu'un Ecrivain instruit & délicat en entreprît la comparaison.

Dans cet endroit, *j'ai tâché*, Monsieur, de vous faire entendre, que quelques personnes attendoient de vous ce travail, & que ceux qui ont lû vos beaux arts réduits à l'imitation de la belle nature, se croyoient en droit d'exiger que vous leur expliquassiez clairement ce que c'est que *la belle nature*.

En attendant que vous fissiez la comparaison des

hiéroglyphes, de la Poëfie, de la Peinture & de la Mufique, *j'ai ofé* la tenter fur un même fujet.

L'harmonie muficale qui entroit néceffairement dans cette comparaifon m'a ramené à l'harmonie oratoire. *J'ai dit* que les entraves de l'une & de l'autre étoient beaucoup plus fupportables, que je ne fçais quelle prétenduë délicateffe qui tend de jour en jour à appauvrir notre langue ; & je le repetois, lorsque je me suis retrouvé dans l'endroit où je vous avois laissé.

N'allez pas vous imaginer, Monsieur, sur ma derniere réflexion que je me repente d'avoir préféré notre langue à toutes les langues anciennes, & à la plûpart des langues modernes. Je persiste dans mon sentiment; & je pense toujours que le François a sur le Grec, le Latin, l'Italien, l'Anglois, &c. l'avantage de l'utile sur l'agréable.

L'on m'objectera, peut-être, que, si, de mon aveu, les langues anciennes & celles de nos voisins servent mieux à l'agrément, il est d'expérience qu'on n'en est pas abandonné dans les occasions utiles. Mais je répondrai que, si notre langue est admirable dans les choses utiles, elle sçait aussi se prêter aux choses agréables. Y a-t-il quelque caractere qu'elle n'ait pris avec succès ? Elle est folâtre dans Rabelais ; naïve dans la Fontaine & Brantome ; harmonieuse dans Malherbe & Flechier ; sublime dans Corneille & Bossuet. Que n'est-elle point dans Boileau, Racine, Voltaire, & une foule d'autres Ecrivains en vers & en prose ? Ne nous plaignons donc pas. Si nous sçavons nous en servir, nos ouvrages seront aussi précieux

cieux pour la Postérité que les ouvrages des Anciens le font pour nous. Entre les mains d'un homme ordinaire ; le Grec, le Latin, l'Anglois, l'Italien ne produiront que des choses communes ; le François produira des miracles sous la plume d'un homme de génie. En quelque langue que ce soit, l'Ouvrage que le Génie soûtient ne tombe jamais.

L'AUTEUR

DE LA LETTRE PRECEDENTE A M. B... son Libraire.

Rien de plus dangereux, Monsieur, que de faire la Critique d'un Ouvrage qu'on n'a point lû, & à plus forte raison, d'un Ouvrage qu'on ne connoît que par *ouï-dire*. C'est précisément le cas où je me trouve.

Une personne qui avoit

assisté à la derniere assemblée publique de l'Académie Françoise, m'avoit assuré que M. l'Abbé de Bernis avoit repris, non comme simplement déplacés, mais comme mauvais en eux-mêmes, ces vers du Récit de Théramene,

Ses superbes Coursiers, qu'on voyoit autrefois
Pleins d'une ardeur si noble obéir à sa voix,
L'œil morne maintenant, & la tête baissée
Sembloient se conformer à sa triste pensée.

J'ai cru, sans aucun dessein de désobliger M. l'Abbé de Bernis, pouvoir attaquer un sentiment que j'avois lieu de regarder comme le sien. Mais il me revient de tous côtés dans ma solitude, que M. l'Abbé de Bernis n'a prétendu blâmer dans ces vers de Racine que *le hors de propos* & non l'image en elle-même. On ajoûte que bien loin de donner sa critique pour nouvelle, il n'a cité les vers dont il s'agit, que comme l'exemple le plus connu & par conséquent le plus propre à convaincre de la foiblesse que les grands hommes ont quelquefois de se laisser entraîner au mauvais goût.

Je crois donc, Monsieur, devoir déclarer publiquement que je suis entierement de l'avis de M. l'Abbé de Bernis & retracter en conséquence une critique prématurée.

Je vous envoye ce défaveu si convenable à un Philosophe qui n'aime & ne cherche que la vérité. Je vous prie de le joindre à ma lettre même, afin qu'ils subsistent ou qu'ils soient oubliés ensemble ; & sur-tout de le faire parvenir à Monsieur l'Abbé Rainal pour qu'il en puisse faire mention dans son Mercure, & à M. l'Abbé de Bernis que je n'ai jamais eu l'honneur de voir & qui m'est seulement connu par la réputation que lui ont mérité son amour pour les Lettres, son talent distingué pour la poësie, la délicatesse de son goût, la douceur de ses mœurs, & l'agrément de son commerce. Voilà, sur quoi je n'aurai point à me rétracter, tout le monde étant de même avis. Je suis très-sincerement, Monsieur,

Votre très, &c.

à V. ce 3. Mars 1751.

AVIS
A plusieurs hommes.

Les questions auxquelles on a tâché de satisfaire dans la Lettre qui suit, ont été proposées par la personne même à qui elle est adressée; & elle n'est pas la centiéme femme à Paris qui soit en état d'en entendre les réponses.

LETTRE

A Mademoiselle .....

NOn, Mademoiselle, je ne vous ai point oubliée. J'avoue seulement que le moment de loisir qu'il me falloit pour arranger mes idées, s'est fait attendre assez longtems. Mais enfin il s'est présenté entre le premier & le second volume du grand ouvrage qui m'occupe; &

j'en profite, comme d'un intervalle de beau tems, dans des jours pluvieux.

Vous ne concevez pas, dites-vous, comment dans la supposition singuliere d'un homme distribué en autant de parties pensantes que nous avons de sens, il arriveroit que chaque sens devînt Géometre, & qu'il se formât jamais entre les cinq sens une société, où l'on parleroit de tout, & où l'on ne s'entendroit qu'en Géométrie. Je vais tâcher d'éclaircir cet endroit ; car toutes les fois que vous aurez de la peine à m'entendre ; je dois penser que c'est ma faute.

L'odorat voluptueux n'aura pu s'arrêter sur des fleurs ; l'oreille délicate être frappée des sons; l'œil prompt & rapide se promener sur différens objets; le goût inconstant & capricieux changer de saveurs ; le toucher pesant

& matériel s'appuyer sur des solides ; sans qu'il reste à chacun de ces observateurs la mémoire ou la conscience d'une, de deux, trois, quatre &c. perceptions différentes ; ou celle de la même perception une, deux, trois, quatre fois réitérée, & par conséquent la notion des nombres, *un*, *deux*, *trois*, *quatre*, &c. Les expériences fréquentes qui nous constatent l'éxistence des êtres ou de leurs qualités fenfibles, nous conduifent en même-tems à la notion abftraite des nombres ; & quand le toucher, par exemple, dira, « J'ai » faifi deux globes, un » cilindre. » De deux chofes l'une, ou il ne s'entendra pas; ou avec la notion de globe & de cilindre, il aura celle des nombres *un* & *deux* qu'il pourra féparer par abftraction, des corps auxquels il les appliquoit,

& se former un objet de méditation & de calculs; de calculs arithmétiques, si les simboles de ses notions numériques ne désignent ensemble ou séparément qu'une collection d'unités déterminée; de calculs algébriques, si plus généraux, ils s'étendent chacun indéterminément à toute collection d'unités.

Mais la vue, l'odorat & le goût sont capables des mêmes progrès scientifiques. Nos sens distribués en autant d'êtres pensants, pourroient donc s'élever tous aux spéculations les plus sublimes de l'arithmétique & de l'algébre ; sonder les profondeurs de l'analyse ; se proposer entr'eux les problêmes les plus compliqués sur la nature des équations & les résoudre comme s'ils étoient des Diophantes. C'est peut-être ce que fait l'huitre dans sa coquille.

Quoi qu'il en foit, il s'enfuit que les Mathématiques pures entrent dans notre ame par tous les fens, & que les notions abftraites nous devroient être bien familieres. Cependant ramenés nous-mêmes fans ceffe par nos befoins & par nos plaifirs, de la fphère des abftractions, vers les êtres réels, il eft à préfumer que nos fens perfonnifiés ne feroient pas une longue converfation, sans rejoindre les qualités des êtres, à la notion abstraite des nombres. Bientôt l'œil bigarera son discours, & ses calculs de couleurs, & l'oreille dira de lui « voi-là » *sa folie qui le tient* ». Le goût, « *c'est bien dom-* » *mage* ». L'odorat, *il* » *entend l'analyse à mer-* » *veille* » ; & le toucher, « *mais il est fou à lier,* » *quand il en est sur ses* » *couleurs* ». Ce que j'imagine de l'œil, convient également aux quatre autres sens. Ils se trouveront tous un ridicule; & pourquoi nos sens ne feroient-ils pas séparés, ce qu'ils font bien quelquefois réunis.

Mais les notions des nombres ne seront pas les seules qu'ils auront communes. L'odorat devenu Géometre, & regardant la fleur comme un centre trouvera la loi selon laquelle l'odeur s'affoiblit en s'en éloignant; & il n'y en a pas un des autres qui ne puisse s'élever, sinon au calcul, du moins à la notion des *intensités* & des *rémissions*. On pourroit former une table assez curieuse des qualités sensibles & des notions abstraites, communes & particulieres à chacun des sens; mais ce n'est pas ici mon affaire. Je remarquerai seulement que plus un sens seroit riche, plus il auroit de notions particulieres, & plus il paroîtroit extravagant aux autres. Il traiteroit ceux-ci d'Etres bornés; mais en revanche ces Etres bornés le prendroient férieufement pour un fou. Que le plus fot d'entr'eux fe croiroit infailliblement le plus fage. Qu'un fens ne feroit gueres contredit que fur ce qu'il fçauroit le mieux. Qu'ils feroient prefque toujours quatre contre un; ce qui doit donner bonne opinion des jugemens de la multitude. Qu'au lieu de faire de nos sens personnifiés une société de cinq personnes, si on en compose un peuple, ce peuple se divisera nécessairement en cinq sectes, la secte des yeux, celle des nez, la secte des palais, celle des oreilles, & la secte des mains; Que ces sectes auront toutes la même origine, l'ignorance & l'intérêt. Que l'esprit d'intolérance & de persécution se glissera bientôt entr'elles. Que les yeux seront condamnés aux Petites-Maisons, comme des visionnaires ; les nez regardés comme des imbécilles ; les palais évités comme des gens insupportables par leurs caprices & leur fausse délicatesse ; les oreilles détestées pour leur curiosité & leur orgueil, & les mains méprisées pour leur matérialisme ; & que si quelque puissance supérieure secondoit les intentions droites & charitables de chaque parti, en un instant la nation entiere seroit exterminée.

Il me semble qu'avec la légereté de la Fontaine & l'esprit Philosophique de la Mothe, on feroit une fable excellente de ces idées; mais elle ne seroit pas meilleure que celle de Platon. Platon suppose que nous sommes tous assis dans une caverne, le dos tourné à la lumiere, & le visage vers le fond ; que nous ne pouvons presque remuer la tête, & que nos yeux ne se portent jamais que sur ce qui se passe devant nous. Il imagine entre la lumiere & nous, une longue muraille au-dessus de laquelle paroissent, vont, viennent, avancent, reculent & disparoissent, toutes sortes de figures, dont les ombres

bres sont projettées vers le fond de la caverne. Le peuple meurt sans jamais avoir apperçu que ces ombres. S'il arrive à un homme sensé de soupçonner le prestige, de vaincre, à force de se tourmenter, la puissance qui lui tenoit la tête tournée, d'escalader la muraille & de sortir de la caverne : qu'il se garde bien, s'il y rentre jamais, d'ouvrir la bouche de ce qu'il aura vu. Belle leçon pour les Philosophes! Permettez, Mademoiselle, que j'en profite comme si je l'étois devenu & que je passe à d'autres choses.

Vous me demandez ensuite comment nous avons plusieurs perceptions à la fois. Vous avez de la peine à le concevoir; mais concevez-vous plus facilement que nous puissions former un jugement, ou comparer deu idées, à moins que l'une ne nous soit présente par la perception, & l'autre par la mémoire. Plusieurs fois, dans le dessein d'éxaminer ce qui se passoit dans ma tête, & de *prendre mon esprit sur le fait*, je me suis jetté dans la méditation la plus profonde, me retirant en moi-même avec toute la contention dont je suis capable; mais ces efforts n'ont rien produit. Il m'a semblé qu'il faudroit être tout à la fois au-dedans & hors de soi, & faire en même-tems le rôle d'observateur, & celui de la machine observée. Mais il en est de l'esprit, comme de l'œil; il ne se voit pas. Il n'y a que Dieu qui sache comment le syllogisme s'exécute en nous. Il est l'Auteur de la pendule; il a placé l'ame ou le *mouvement* dans la boëte, & les heures se marquent en sa présence. Un monstre à deux têtes emmanchées sur un même col nous apprendroit peut-être quelque nouvelle. Il faut donc attendre que la nature qui combine tout, & qui amene avec les siecles les phénomenes les plus extraordinaires nous donne un *Dicephale* qui se contemple lui-même, & dont une des têtes fasse des observations sur l'autre.

Je vous avoue que je ne suis pas en état de répondre aux questions que vous me proposez sur les

Sourds & Muets de naissance. Il faudroit recourir au Muet mon ancien ami, ou ce qui vaudroit encore mieux, consulter M. Pereire. Mais les occupations continuelles qui m'obsedent ne m'en laissent pas le loisir. Il ne faut qu'un instant pour former un systême; les expériences demandent du tems. J'en viens donc tout de suite à la difficulté que vous me faites sur l'exemple que j'ai tiré du premier livre de l'Enéide.

Je prétens dans ma Lettre que le beau moment du Poëte n'est pas toujours le beau moment du Peintre, & c'est aussi votre avis. Mais vous ne concevez pas que cette tête de Neptune, qui dans le Poëme s'éleve si majestueusement sur les flots, fit un mauvais effet sur la toile. Vous dites :
« J'admire la tête de Nep-
» tune dans Virgile, par

« ce que les eaux ne dé-
» robent point à mon
» imagination le reste de
» la figure ; & pourquoi
» ne l'admirerois-je pas
» aussi sur la toile de
» Carle, si son pinceau
» sçait donner de la trans-
» parence aux flots.

Je peux, ce me semble, vous en apporter plusieurs raisons. La premiere & qui n'est pas la meilleure, c'est que tout corps qui n'est plongé qu'en partie dans un fluide est défiguré par un effet de la réfraction qu'un imitateur fidele de la nature est obligé de rendre, & qui écarteroit la tête de Neptune de dessus ses épaules. La seconde, c'est que quelque transparence que le pinceau puisse donner à l'eau, l'image des corps qui y sont plongés est toujours fort affoiblie. Ainsi, toute l'attention du spectateur se réunissant sur la tête de Neptune, le Dieu n'en feroit pas moins décolé. Mais je vais plus loin. Je fuppofe qu'un Peintre puiffe fans confequence négliger l'effet de la réfraction, & que fon pinceau fache rendre toute la limpidité naturelle des eaux. Je crois que fon tableau feroit encore défectueux, s'il choififfoit le moment où Neptune éleve fa tête fur les flots. Il pécheroit contre une regle que les grands maîtres obfervent inviolablement, & que la pluspart de ceux qui jugent de leurs productions, ne connoissent pas assez. C'est que dans les occasions sans nombre où des figures projettées sur une figure humaine, ou plus généralement sur une figure animale, doivent en couvrir une partie; cette partie dérobée par la projection ne doit jamais être entiere & complette. En effet, si c'étoit un poing ou un bras, la figure paroîtroit manchotte; si c'étoit un autre membre, elle paroîtroit mutilée de ce membre, & par conséquent estropiée. Tout Peintre qui craindra de rapeller à l'imagination, des objets désagréables, évitera l'apparence d'une amputation Chirurgicale. Il ménagera la disposition relative de ses figures, de manière que, quelque portion visible des membres cachés annonce toujours l'existence du reste.

Cette maxime s'étend, quoiqu'avec moins de sévérité, à tous les autres objets. Brisez vos colonnes, si vous voulez; mais ne les sciez pas. Elle est ancienne, & nous la trouvons constamment observée dans les bustes. On leur a donné avec le col entier, une partie des épaules & de la poitrine. Les Artistes scrupuleux diroient donc encore dans l'exemple dont il s'agit, que les flots décolent Neptune. Aussi aucun ne s'est-il avisé de prendre cet instant. Ils ont tous préféré la seconde image du Poëte, le moment suivant, où le Dieu est presque tout entier hors des eaux, & où l'on commence à appercevoir les roues légeres de son char.

Mais si vous continuez d'être mécontente de cet exemple, le même Poëte m'en fournira d'autres qui prouveront mieux, que la Poësie nous fait admirer des images dont la peinture seroit insoutenable, & que notre imagination est moins scrupuleuse que nos yeux. En effet, qui pourroit supporter sur la toile la vue de Polyphême faisant craquer sous ses dents les os d'un des compagnons d'Ulysse ? Qui verroit sans horreur un Géant tenant un homme en travers dans sa bouche énorme, & le sang ruisselant sur sa barbe & sur sa poitrine. Ce tableau ne recréera que des Cannibales. Cette nature sera admirable pour des Anthropophages; mais détestable pour nous.

Je suis étonné, quand je pense à combien d'élémens différens tiennent les regles de l'imitation & du goût, & la définition de la belle nature. Il me semble qu'avant que de prononcer fur ces objets, il faudroit avoir pris parti fur une infinité de queftions relatives aux mœurs, aux coutumes, au climat, à la religion, & au gouvernement. Toutes les voutes font fur-baiffées en Turquie. Le Mufulman imite des Croiffants par tout. Son goût même eft fubjugué ; & la fervitude des peuples fe remarque jufques dans la forme des Dômes. Mais tandis que le Despotisme affaisse les voutes & les cintres; le Culte brise les figures humaines & les bannit de l'Architecture, de la Peinture, & des Palais.

Quelqu'autre, Mademoiselle, vous fera l'histoire des opinions différentes des hommes sur le goût, & vous expliquera, ou par des raisons, ou par des conjectures, d'où naît la bizare irrégularité que les Chinois affectent par tout; je vais tâcher, pour moi, de vous déveloper en peu de mots l'origine de ce que nous appellons le goût en général; vous laissant à vous-même le soin d'examiner à combien de vicissitudes les principes en sont sujets.

La perception des rapports est un des premiers pas de notre raison. Les rapports sont simples ou composés. Ils constituent la simétrie. La perception des rapports simples étant plus facile que celle des rapports composés ; & entre tous les rapports celui d'égalité étant le plus simple, il étoit naturel de le préférer ; & c'est ce qu'on a fait. C'est par cette raison que les aîles d'un bâtiment sont égales, & que les côtés des fenêtres sont paralelles. Dans les Arts, par exemple en Architecture, s'écarter souvent des rapports simples & des simétries qu'ils engendrent, c'est faire une machine, un Labyrinthe, & non pas un Palais. Si les raisons d'utilité, de variété, d'emplacement, &c. nous contraignent de renoncer au rapport d'égalité & à la simétrie la plus simple, c'est toujours à regret, & nous nous hâtons d'y revenir par des voies qui paroissent entierement arbitraires aux hommes superficiels. Une statue est faite pour être vue de loin. On lui donnera un pied d'estal. Il faut qu'un pied d'estal soit solide. On lui choisira entre toutes les figures régulieres celle qui oppose le plus de surface à la terre. C'est un cube. Ce cube sera plus ferme encore, si ses faces sont inclinées. On les inclinera. Mais en inclinant les faces du cube, on détruira la régularité du corps, & avec elle les rapports d'égalité. On y reviendra par la plinthe

& les moulures. Les moulures, les filets, les galbes, les plinthes, les corniches, les panneaux, &c. ne font que des moyens fuggérés par la nature, pour s'écarter du rapport d'égalité & pour y revenir infenfiblement. Mais faudra-t-il conferver dans un pied d'eftal quelqu'idée de légéreté ? on abandonnera le cube pour le cilindre. S'agira-t-il de caractérifer l'inconftance ? on trouvera dans le cilindre une stabilité trop marquée, & l'on cherchera une figure que la statue ne touche qu'en un point. C'est ainsi que la Fortune sera placée sur un globe, & le Destin sur un cube.

Ne croyez pas, Mademoiselle, que ces principes ne s'étendent qu'à l'Architecture. Le goût en général consiste dans la perception des rapports. Un beau Tableau,
un

un Poëme, une belle Musique ne nous plaisent que par les rapports que nous y remarquons. Il en est même d'une belle vie, comme d'un beau concert. Je me souviens d'avoir fait ailleurs une application assez heureuse de ces principes aux phénomènes les plus délicats de la Musique ; & je crois qu'ils embrassent tout.

Tout a sa raison suffisante ; mais il n'est pas

toujours facile de la découvrir. Il ne faut qu'un événement pour l'éclipser sans retour. Les seules ténebres que les siécles laissent après eux suffisent pour cela ; & dans quelques milliers d'années, lorsque l'existence de nos peres aura disparu dans la nuit des tems, & que nous serons les plus anciens habitans du monde auxquels l'histoire prophane puisse remonter, qui devinera l'origine de ces têtes de Béliers, que nos Architectes ont transportées des Temples Payens sur nos édifices.

Vous voyez, Mademoiselle, sans attendre si long-tems, dans quelles recherches s'engageroit dès aujourd'hui celui qui entreprendroit un traité Historique & Philosophique sur le goût. Je ne me sens pas fait pour surmonter ces difficultés qui demandent encore plus de génie que de connoissance. Je jette mes idées sur le papier, & elles deviennent ce qu'elles peuvent.

Votre derniere Question porte sur un si grand nombre d'objets différens & d'un éxamen si délicat, qu'une réponse qui les embrasseroit tous, éxigeroit plus de tems & peut-être aussi plus de pénétration & de connoissances que je n'en ai. Vous paroissez douter *qu'il y ait beaucoup d'exemples* où la Poësie, la Peinture & la Musique fournissent des Hiéroglyphes qu'on puisse comparer. D'abord il est certain qu'il y en a *d'autres* que celui que j'ai rapporté. Mais y en a t-il *beaucoup*? c'est ce qu'on ne peut apprendre que par une lecture attentive des grands Musiciens & des meilleurs Poëtes, jointe à une connoissance étendue du talent de la Peinture & des ouvrages des Peintres.

Vous pensez *que pour comparer* l'*Harmonie Musicale avec* l'*Harmonie Oratoire*, il faudroit qu'il y eût dans celle-ci un équivalent de la dissonnance ; & vous avez raison ; mais la rencontre des voyelles & des consonnes qui s'élident, le retour d'un même son, & l'emploi de l'*H* aspirée ne font-ils pas cette fonction, & ne faut-il pas en Poësie le même art ou plûtôt le même génie qu'en

Musique, pour user de ces ressources? Voici, Mademoiselle, quelques éxemples de dissonnances Oratoires ; votre mémoire vous en offrira sans doute un grand nombre d'autres.

Gardez qu'une Voyelle à courir trop hâtée
Ne soit d'une Voyelle en son chemin
heurtée. *Boil.*
*Monstrum, horrendum, informe, in-
gens, cui lumen ademptum.*
Virgil.
*Cum Saganâ majore ululantem.......
.......Serpentes atque videres
Infernos errare canes...............
...........quo pacto alterna loquentes
Umbræ cum Saganâ resonarent triste &
acutum. Horat.*

Tous ces vers sont pleins de dissonnances; & celui qui ne les sent pas n'a point d'oreille.

Il y a, ajoûtez-vous enfin, *des morceaux de Musique auxquels on n'attache point d'images, qui ne forment ni pour vous ni pour personne aucune Peinture hiéroglyphique, & qui font cependant un grand plaisir à tout le monde.*

Je conviens de ce Phénoméne; mais je vous

prie de considerer que ces morceaux de Musique qui vous affectent agréablement sans reveiller en vous ni Peinture ni perception distincte de rapports, ne flatent votre oreille que comme l'Arc-en-ciel plaît à vos yeux, d'un plaisir de sensation pure & simple ; & qu'il s'en faut beaucoup qu'ils aient toute la perfection que vous en pourriez éxiger, & qu'ils auroient, si la vérité de l'imitation s'y trouvoit jointe aux charmes de l'Harmonie. Convenez, Mademoiselle, que si les astres ne perdoient rien de leur éclat sur la toile, vous les y trouveriez plus beaux qu'au firmament, le plaisir réfléchi qui naît de l'imitation s'unissant au plaisir direct & naturel de la sensation de l'objet. Je suis sûr que jamais clair de lune ne vous a autant affectée dans la nature que dans une des nuits de Vernet.

En Musique, le plaisir de la sensation dépend d'une disposition particuliere non seulement de l'oreille, mais de tout le sistême des nerfs. S'il y a des têtes sonantes, il y a aussi des corps que j'appellerois volontiers harmoniques; des hommes, en qui toutes les fibres oscillent avec tant de promptitude & de vivacité, que sur l'expérience des mouvemens violens que l'Harmonie leur cause, ils sentent la possibilité de mouvemens plus violens encore & atteignent à l'idée d'une sorte de Musique qui les feroit mourir de plaisir. Alors leur existence leur paroît comme attachée à une seule fibre tendue, qu'une vibration trop forte peut rompre. Ne croyez pas, Mademoiselle, que ces êtres si sensibles à l'harmonie, soient les meilleurs juges de l'expression. Ils sont presque toujours au-de-là de cette émotion douce, dans laquelle le sentiment ne nuit point à la comparaison. Ils ressemblent à ces ames foibles, qui ne peuvent entendre l'histoire d'un malheureux sans lui donner des larmes, & pour qui il n'y a point de Tragédies mauvaises.

Au reste, la Musique a plus besoin de trouver en nous ces favorables dispositions d'organes, que ni la Peinture, ni la Poëfie. Son hiéroglyphe eſt ſi leger & ſi fugitif, il eſt ſi facile de le perdre ou de le méſinterprêter, que le plus beau morceau de ſimphonie ne feroit pas un grand effet, ſi le plaiſir infaillible & ſubit de la ſenſation pure & ſimple n'étoit infiniment au-deſſus de celui d'une expreſſion ſouvent équivoque. La Peinture montre l'objet même, la Poëſie le décrit, la Muſique en excite à peine une idée.

Elle n'a de ressource que dans les intervalles & la durée des sons; & quelle analogie y a-t'il entre cette espéce de crayons, & le printems, les ténébres, la solitude, &c. & la plûpart des objets ? Comment se fait-il donc que des trois arts imitateurs de la nature, celui dont l'expression est la plus arbitraire & la moins précise, parle le plus fortement à l'ame ? Seroit-ce que montrant moins les objets, il laisse plus de carriere à notre imagination; ou qu'ayant besoin de secousses pour être émus, la Musique est plus propre que la Peinture & la Poësie à produire en nous cet effet tumultueux?

Ces phénomenes m'étonneroient beaucoup moins, si notre éducation ressembloit davantage à celle des Grecs. Dans Athenes, les jeunes gens donnoient presque tous dix à douze ans à l'étude de la Musique; & un Musicien n'ayant pour auditeurs & pour juges que des Musiciens, un morceau sublime devoit naturellement jetter toute une assemblée dans la même frénesie dont sont agités ceux qui font exécuter leurs ouvrages dans nos concerts. Mais il est de la nature de tout enthousiasme de se communiquer & de s'accroître par le nombre des enthousiastes. Les hommes ont alors une action réciproque les uns sur les autres, par l'image énergique & vivante qu'ils s'offrent tous de la passion dont chacun d'eux est transporté; de-là cette joie insensée de nos fêtes publiques, la fureur de nos émeutes populaires, & les effets surprenans de la Musique chez les Anciens; effets que le quatriéme Acte de Zoroastre eût renouvellés parmi nous, si notre parterre eût été rempli d'un peuple aussi musicien & aussi sensible que la jeunesse Athenienne.

Il ne me reste plus qu'à vous remercier de vos observations. S'il vous en vient quelques autres, faites-moi la grace de me les communiquer; mais que ce soit pourtant sans suspendre vos occupations. J'apprens que vous mettez en notre langue le Banquet de Xénophon, & que vous avez deſſein de le comparer avec celui de Platon. Je vous exhorte à finir cet Ouvrage. Ayez, Mademoiſelle, le courage d'être ſçavante. Il ne faut que des exemples tels que le vôtre, pour inſpirer le goût des langues anciennes ; ou pour prouver du moins que ce genre de Littérature eſt encore un de ceux, dans leſquels votre ſexe peut exceller. D'ailleurs il n'y auroit que les connoiſsances que vous aurez acquises qui puffent vous consoler dans la suite du motif singulier que vous avez aujourd'hui de vous instruire. Que vous êtes heureuse ! Vous avez trouvé le grand art, l'art ignoré de presque toutes les femmes, celui de n'être point trompée, & de devoir plus que vous ne pourrez jamais acquitter. Votre sexe n'a pas coutume d'entendre ces vérités ; mais j'ose vous les dire, parce que vous les penſez comme moi. J'ai l'honneur d'être avec un profond reſpect,

Mademoiſelle,

Votre très-humble
& très-obéiſſant
ſerviteur ****.

OBSERVATIONS

Sur l'extrait que le Journanaliste de Trévoux a fait de la Lettre sur les Sourds & Muets ; mois d'Avril. Art. 42. pag. 841.

ON lit page 842. du Journal. « *La doctrine de l'Auteur paroîtra, sans doute, trop peu sensible au commun des Lecteurs. La pluspart diront, après avoir lû cette Lettre ; que nous*

» *reste-t-il dans l'idée ;*
» *quelles traces de lumie-*
» *re & d'érudition, ces*
» *considérations abstrai-*
» *tes laissent-elles à leur*
» *suite.*

Observation. Je n'ai point écrit pour le commun des Lecteurs. Il me suffisoit d'être à la portée de l'Auteur des Beaux-Arts réduits à un seul principe, du Journaliste de Trévoux, & de ceux qui ont déja fait quelques progrès dans l'étude des

A a

Lettres & de la Philosophie. J'ai dit moi-même „ le titre de ma lettre est „ équivoque. Il convient indistinctement „ au grand nombre de „ ceux qui parlent sans „ entendre ; au petit „ nombre de ceux qui „ entendent sans parler ; „ & au très-petit nombre de ceux qui sçavent parler & entendre ; quoique ma lettre ne soit proprement qu'à l'usage de

,, ces derniers ,, ; Et je pourrois ajouter sur le suffrage des connoisseurs, que, si quelque bon esprit se demande, après m'avoir lu ,, ; *quels ,, traits de lumiere & d'é-,, rudition ces considéra-,, tions ont-elles laissé à ,, leur suite?* ,, rien n'empêchera qu'il ne se réponde ; On m'a fait voir. *

1°. Comment le langage oratoire a pû se former.

---

* Je répete ici malgré moi ce que j'ai déja dit à la fin de ma Lettre.

2°. Que ma langue est pleine d'inversions, si on la compare au langage animal.

3°. Que, pour bien entendre comment le langage oratoire s'est formé, il seroit à propos d'étudier la langue des gestes.

4°. Que la connoissance de la langue des gestes suppose ou des experiences sur un sourd & muet de convention, ou des conversations avec un sourd & muet de naissance.

5°. Que l'idée du muet de convention conduit naturellement à examiner l'homme distribué en autant d'Etres distincts & séparés qu'il a de sens & à rechercher les idées communes & particulieres à chacun des sens.

6°. Que, si pour juger de l'intonation d'un acteur il faut écouter sans voir, il faut regarder sans entendre, pour bien juger de son geste.

7°. Qu'il y a un sublime de geste capable de produire sur la scene les grands effets du discours.

8°. Que l'ordre qui doit regner entre les gestes d'un sourd & muet de naissance est une histoire assez fidele de l'ordre dans lequel les signes oratoires auroient pû être substitués aux gestes.

9°. Que la difficulté de transmettre certaines idées à un sourd & muet de naissance caractérise entre les signes oratoires les premiers & les derniers inventés.

10°. Que les signes qui marquent les parties indéterminées du tems, sont du nombre des derniers inventés.

11°. Que c'est là l'origine du manque de certains tems dans quelques langues, & du double emploi d'un même tems, dans quelques autres.

12°. Que ces bizareries conduisent à distinguer dans toute langue, trois états différents, celui de naissance, l'état de formation, & celui de perfection.

13°. Que sous l'état de langue formée, l'Esprit enchaîné par la sintaxe ne peut mettre entre ses concepts l'ordre qui regne dans les périodes grecques & latines. D'où l'on peut inférer que, quel que soit l'arrangement des termes dans une langue formée, l'esprit de l'écrivain suit l'ordre de la sintaxe françoise ; & que cette sintaxe étant la plus simple de toutes, le François doit avoir à cet égard de l'avantage sur le grec & sur le latin.

14°. Que l'introduction de l'article dans toutes les langues, & l'impossibilité de discourir sans avoir plusieurs perceptions à la fois, achevent de confirmer que la marche de l'esprit d'un auteur grec & latin, ne s'éloignoit gueres de cel-

A a v.

le de notre langue.

15°. Que l'harmonie oratoire s'est engendrée sur le passage de l'état de langue formée, à celui de langue perfectionnée.

16°. Qu'il faut la considérer dans les mots & dans la période ; & que c'est du concours de ces deux harmonies que résulte l'hiéroglyphe Poëtique.

17°. Que cet hiéroglyphe rend tout excellent Poëte difficile à bien entendre, & presque impossible à bien traduire.

18°. Que tout art d'imitation a son hiéroglyphe; ce qu'on m'a démontré par un essai de comparaison des hiéroglyphes de la Musique, de la Peinture, & de la Poësie.

Voilà, se répondroit à lui-même un bon esprit, ce que des considerations abstraites ont amené; voilà les traces qu'elles ont laissées à leur suite; & c'est quelque chose.

On lit, même page du Journal. *Mais qui pourra nous répondre qu'il n'y a là - dedans ni paradoxes, ni sentimens arbitraires, ni critiques déplacées.*

Observation. Y a-t-il quelque livre, sans en excepter les Journaux de Trevoux, dont on ne puisse dire, *mais qui nous répondra qu'il n'y a là-dedans ni paradoxes, ni sentimens arbitraires, ni critiques déplacées.*

On lit page suivante du Journal. *Tels seront les raisonnemens, du moins les soupçons de quelques personnes qui sont bien aises de trouver dans un ouvrage des traits faciles à saisir, qui aiment les images, les descriptions, les applications frappantes, en un mot tout ce qui met en jeu les ressorts de l'imagination & du sentiment.*

Observation. Les personnes qui ne lisent point pour apprendre, ou qui veulent apprendre sans s'appliquer, sont précisément celles que l'Auteur de la lettre sur les Sourds & Muets ne se soucie d'avoir ni pour lecteurs ni pour juges. Il leur conseille même de renoncer à Lock, à Bayle, à Platon, & en général à tout ouvrage de raisonnement & de métaphysique. Il pense qu'un auteur a rempli sa tâche quand il a sçu prendre le ton qui convient à son sujet: en effet y a t-il un lecteur de bon sens qui dans un chapitre de Lock sur l'abus qu'on peut faire des mots ou dans une lettre sur les Inversions, s'avise de désirer *des images*, *des descriptions*, *des applications frappantes* & ce qui met en jeu *les ressorts de l'imagination & du sentiment*.

Aussi lit on-même page du Journal. *Il ne faut*

pas que les philosophes pensent ainsi. Ils doivent entrer avec courage dans la matiere des inversions. Y a t-il des inversions; n'y en a t-il point dans notre langue ? Qu'on ne croie pas que ce soit une question de grammaire ; ceci s'éleve jusqu'à la plus subtile métaphysique, jusqu'à la naissance même de nos idées.

Observation. Il seroit bien étonnant qu'il en fût autrement. Les mots dont

dont les langues font formées ne font que les signes de nos idées ; & le moyen de dire quelque chose de philosophique sur l'institution des uns, sans remonter à la naissance des autres ? Mais l'intervale n'est pas grand ; & il seroit difficile de trouver deux objets de spéculation, plus voisins, plus immédiats & plus étroitement liés, que la naissance des idées & l'invention des signes destinés à les representer. La question des inversions, ainsi que la pluspart des questions de grammaire, tient donc à la Métaphysique la plus subtile: j'en appelle à M. Du Marsais qui n'eût pas été le premier de nos grammairiens, s'il n'eût pas été en même-tems un de nos meilleurs métaphysiciens. c'est par l'application de la Métaphysique à la grammaire, qu'il excelle.

On lit pag. 874. du

Journal. *l'Auteur examine en quel rang nous placerions naturellement nos idées; & comme notre langue ne s'aſtreint pas à cet ordre, il juge qu'en ce ſens, elle uſe d'inverſions, ce qu'il prouve auſſi par le langage des geſtes, article un peu entrecoupé de digreſſions. Nous devons même ajouter que bien des lecteurs, à la fin de ce morceau pourront ſe demander à eux-mêmes,* s'ils en ont saisi tous les rapports ; s'ils ont compris comment & par où les sourds & muets confirment l'existence des inversions dans notre langue. Cela n'empêche pas qu'on ne puisse prendre beaucoup de plaisir. &c. La suite est une sorte d'éloge que l'Auteur partage avec le Pere Castel.

Observation. Il y a, je le répéte, des lecteurs dont je ne veux ni ne voudrai jamais : je n'écris que pour ceux avec qui je serois bien aise de m'entretenir. J'adresse mes Ouvrages aux Philosophes; il n'y a gueres d'autres hommes au monde pour moi. Quant à ces lecteurs qui cherchent un objet qu'ils ont sous les yeux; voici ce que je leur dis pour la premiere & la derniere fois que j'aie à leur parler.

Vous demandez comment le langage des gestes est lié à la question des inversions, & comment les sourds & muets confirment l'exiſtence des inverſions dans notre langue ? Je vous répons que le sourd & muet soit de naiſſance soit de convention, indique par l'arrangement de ses geſtes, l'ordre selon lequel les idées sont placées dans la langue animale; qu'il nous éclaire sur la date de la subſtitution succeſſive des ſignes oratoires aux geſtes; qu'il ne nous laiſſe aucun doute sur les premiers & les derniers inventés d'entre les signes, & qu'il nous transmet ainsi les notions les plus justes que nous puissions esperer de l'ordre primitif des mots & de la phrase ancienne, avec laquelle il faut comparer la nôtre, pour sçavoir si nous avons des inversions ou si nous n'en avons pas. Car il est nécessaire de connoître ce que c'est que l'ordre naturel, avant que de rien prononcer sur l'ordre renversé.

On lit, page suivante du Journal *que pour bien entendre la lettre, il faut se souvenir que* l'ordre d'institution, l'ordre scientifique, l'ordre didactique, l'ordre de sintaxe *sont sinonimes*.

Observation. On n'entendroit point la lettre, si l'on prenoit toutes ces expressions pour sinonimes. *L'ordre didactique* n'est sinonime à aucun des trois autres. *L'ordre de sintaxe, celui d'institution,*

titution, *l'ordre scientifique*, conviennent à toutes les langues. *L'ordre didactique* est particulier à la nôtre & à celles qui ont une marche uniforme comme la sienne. *L'ordre didactique* n'est qu'une espece *d'ordre de sintaxe*: Ainsi on diroit très-bien *l'ordre de notre sintaxe est didactique*. Quand on releve des bagatelles, on ne peut mettre trop d'exactitude dans ses critiques.

On lit Journal, page 851. *Le morceau où l'auteur compare la langue françoise avec les langues grecques, latines, italienes & angloises, ne sera pas aprouvé dans l'endroit où il dit qu'il faut parler françois dans la société & dans les écoles de philosophie ; grec, latin, anglois, dans les chaires & sur les théâtres.* Le Journaliste remarque *qu'il faut destiner pour la chai-*

re, ce lieu si vénérable, la langue qui explique le mieux les droits de la raison, de la sagesse, de la religion, en un mot de la vérité.

Observation. Je serai désaprouvé sans doute par tous ces froids discoureurs, par tous ces Rhéteurs futils qui annoncent la parole de Dieu, sur le ton de Seneque ou de Pline ; mais le serai-je par ceux qui pensent que l'éloquence véritable de la chaire est celle qui touche le cœur, qui arrache le repentir & les larmes, & qui renvoye le pecheur troublé, abbatu, consterné. *Les droits de la raison, de la sagesse, de la religion, & de la vérité*, sont assurément les grands objets du Prédicateur; mais doit-il les exposer dans de froides Analyses, s'en jouer dans des Antitheses, les embarrasser dans un amas de sinonimes, & les obscurcir par des termes recherchés, des tours subtils, des pensées louches, & le vernis académique. Je traiterois volontiers cette éloquence de *Blasphématoire*. Aussi n'est-ce pas celle de Bourdaloue, de Bossuet, de Mascaron, de la Ruë, de Massillon, & de tant d'autres qui n'ont rien épargné pour vaincre la lenteur & la contrainte d'une langue didactique, par la sublimité de leurs pensées, la force de leurs images & le pathétique de leurs expressions. La langue françoise se prêtera facilement à la dissertation théologique, au catéchisme, à l'instruction pastorale ; mais au discours oratoire, c'est autre chose.

Au reste je m'en rapporte à ceux qui en scavent là-dessus plus que nous ; & je leur laisse à décider, laquelle de deux langues, dont l'une seroit naturellement uniforme & tardive ; l'autre variée, abondante, impétueuse, pleine d'images & d'inversions, seroit la plus propre à remuer des ames assoupies sur leurs devoirs ; à effrayer des pécheurs endurcis, sur les suites de leurs crimes ; à annoncer des vérités sublimes ; à peindre des actes héroïques ; à rendre le vice odieux & la vertu attrayante, & à manier tous les grands sujets de la religion d'une maniere qui frappe & inftruife, mais qui frappe fur tout; car il eft moins queftion dans la chaire d'apprendre *aux fideles* ce qu'ils ignorent, que de les réfoudre à la pratique de ce qu'ils fcavent.

Nous ne ferons aucune obfervation fur les deux critiques de la p. 852. nous n'aurions prefque rien à ajoûter à ce que le Journalifte en dit lui-même. Il vaut mieux que nous nous hâtions d'arriver à l'endroit important de son extrait, l'endroit auquel il nous apprend qu'il a donné *une attention particuliere.* Le voici mot pour mot.

On lit page 854. du Journal. *Tout le monde connoît les trois beaux vers du dix-septiéme livre de l'Iliade, lorsqu'Ajax se plaint à Jupiter des ténébres qui enveloppent les Grecs.*

Ζεῦ πάτερ, ἀλλὰ σὺ ῥῦσαι ὑπ᾽ ἠέρος υἷας ἀχαιῶν.

ποίησον δ' αἴθρην, δὸς δ' Ὀφθαλμοῖσιν ἰδέσθαι
ἐν δὲ φάει καὶ ὄλεσσον, ἐπεὶ νύ τοι εὔαδεν οὕτως.

Boileau les traduit ainsi :

Grand Dieu, chasse la nuit qui nous couvre les yeux,
Et combats contre nous à la clarté des cieux.

M. de la Mothe se contente de dire :

Grand Dieu, rens-nous le jour, & combats contre nous.

Or l'Auteur de la lettre précédente dit que ni Longin, ni Boileau, ni la Mothe n'ont entendu le texte d'Homére; que ces vers doivent se traduire ainsi:

Pere des Dieux & des hommes, chasse la nuit qui nous couvre les yeux; & puisque tu as résolu de nous perdre, perds nous du moins à la clarté des cieux.

Qu'il ne se trouve-là aucun défi à Jupiter; qu'on n'y voit qu'un Héros prêt à mourir, si c'est la volonté du Dieu, & qui ne lui demande d'autre grace que celle de mourir en combattant.

L'Auteur confirme de plus en plus sa pensée, & paroît avoir eu ce morceau extrêmement à cœur. Sur quoi nous croyons devoir faire aussi les observations suivantes.

1°. La traduction qu'on donne ici, & que nous venons de rapporter, est littérale, exacte & conforme au sens d'Homére.

2°. Il est vrai que dans

le texte de ce grand Poëte, il n'y a point de défi-fait à Jupiter par Ajax. Eustathe n'y a rien vû de semblable, & il observe seulement que ces mots, Perds-nous à la clarté des cieux, *ont fondé un proverbe pour dire.* Si je dois périr, que je périsse du moins d'une maniere moins cruelle.

3°. Il faut distinguer Longin de nos deux Poëtes François, Boileau & la Mothe: Longin considéré en lui-même & dans son propre texte, nous paroît avoir bien pris le sens d'Homére; & il seroit en effet assez surprenant que nous crussions entendre mieux ce Poëte Grec, que ne l'entendoit un Savant qui parloit la même langue, & qui l'avoit lû toute sa vie.

Ce Rheteur rapporte les vers d'Homére, puis il ajoûte: « C'est-là véri-
» tablement un sentiment
» digne d'Ajax. Il ne de-

» mande pas de vivre,
» c'eût été une demande
» trop basse pour un Hé-
» ros; mais voyant qu'au
» milieu de ces épaisses té-
» nébres, il ne peut faire
» aucun usage de sa va-
» leur, il s'indigne de ne
» pas combattre; il de-
» mande que la lumiere
» lui soit *promptement*
» rendue, afin de mourir
» d'une maniere digne de
» son grand cœur; quand
» même Jupiter lui seroit
» opposé de front. »

Telle est la traduction littérale de cet endroit. On n'y voit point que Longin mette aucun défi dans la pensée ni dans les vers d'Homére. Ces mots, quand même Jupiter lui feroit opposé de front, se lient à ce qui est dans le même livre de l'Iliade, lorsque le Poëte peint Jupiter armé de son égide, dardant ses éclairs, ébranlant le mont Ida, & épouvantant les Grecs. Dans ces funestes cir-

constances, Ajax croit que le pere des Dieux dirige lui-même les traits des Troyens; & l'on conçoit que ce Héros, au milieu des ténébres, peut bien demander, non d'entrer en lice avec le Dieu, mais de voir la lumiere du jour, pour faire une fin digne de son grand cœur, quand même il devroit être en butte aux traits de Jupiter, quand même Jupiter lui seroit opposé de front. Ces idées *ne se croisent point.* Un brave comme Ajax pouvoit espérer qu'il se trouveroit quelque belle action à faire, un moment avant que de périr sous les coups de Jupiter irrité & déterminé à perdre les Grecs.

4°. Boileau prend dans un sens trop étendu le texte de son Auteur, lorsqu'il dit, *quand il devroit avoir à combattre Jupiter.* Voilà ce qui présente un air de défi dont

Longin ne donne point d'exemple. Mais ce trop d'étendue ne paroît pas si marqué dans la traduction du demi-vers d'*Homére*. Cet hémistiche, & combats contre nous, *ne présente pas un défi dans les formes*, quoiqu'il eût été mieux d'exprimer cette pensée; & perds-nous, puisque tu le veux. *Nous ne devons rien ajoûter sur le vers de la Mothe, qui est peut-être encore moins bien que celui de Boileau.*

De tout ceci il s'enfuit que si nos deux Poëtes François méritent en tout ou en partie la censure de notre Auteur, Longin du moins ne la mérite pas; & qu'il suffit pour s'en convaincre de lire son texte.

Voilà très-fidélement tout l'endroit du Journaliste sur Longin, sans rien ôter à la force des raisonnemens, ni à la maniere élégante & précise dont ils sont exposés.

Observations. Le Journaliste abandonne la Mothe & Boileau: il ne combat que pour Longin; & ce qu'il oppose en sa faveur se réduit aux propositions suivantes.

1°. Longin parlant la même langue qu'Homére, & ayant lû toute sa vie ce Poëte, il devoit l'entendre mieux que nous.

2°. Il y a dans la traduction de Boileau un air *de défi* dont Longin ne donne point l'exemple, & les expressions, *quand Jupiter même lui seroit opposé de front; & quand il devroit avoir à combattre Jupiter même*, ne sont point sinonimes.

3°. La premiere de ces expressions, *quand Jupiter même lui seroit opposé de front*, est relative aux circonstances dans lesquelles Homére a placé son Héros.

Je répons à la premiere objection, que Longin a

pû entendre Homére infiniment mieux que nous, & se tromper sur un endroit de l'Iliade.

Je répons à la seconde objection, que l'expression, *quand même il devroit avoir à combattre Jupiter*, & celle que le Journaliste lui substitue, pour rendre la traduction plus exacte & plus littérale, *quand même Jupiter lui seroit opposé de front*, me paroîtront sinonimes, à moi, & je crois à bien d'autres, jusqu'à ce qu'on nous ait montré qu'elles ne le font pas. Nous continuerons de croire, qu'*il m'étoit opposé de front dans cette action*, ou ne signifie rien, ou signifie, *je devois avoir à le combattre*. Le dernier semble même moins fort que l'autre. Il ne présente qu'un *peut-être*, & l'autre annonce un *fait*. Pour avoir deux sinonimes, il faudroit retrancher *devroit de* de la phrase de Boileau: on auroit alors, *quand même il auroit à combattre Jupiter*, qui rendroit avec la derniere précision, *quand même Jupiter lui seroit opposé de front*. Mais on auroit exclu avec le verbe *devroit*, l'idée d'une nécessité fatale qui tend à plaindre le Héros, & qui tempére son discours.

Mais Dieu n'est pour un Soldat Chrétien, que ce que Jupiter étoit pour

Ajax. S'il arrivoit donc à un de nos Poëtes de placer un Soldat dans les mêmes circonstances qu'Ajax, & de lui faire dire à Dieu : « Rens-moi donc » promptement le jour, » & que je cherche une » fin digne de moi, quand » même tu me ferois op- » posé de front. » Que le Journaliste me dise s'il ne trouveroit dans cette apostrophe ni impiété ni défi.

Ou plutôt, je lui de

mande en grace de négliger tout ce qui précéde, & de ne s'attacher qu'à ce qui suit.

Je vais passer à sa troisiéme objection, & lui démontrer que dans tout le discours de Longin, il n'y a pas un mot qui convienne aux circonstances dans lesquelles Homere a placé son Héros; & que la paraphrase entiere du Rheteur est à contresens.

J'ai tant de confiance

dans mes raisons, que j'abandonne au Journaliste même la décision de ce procès littéraire; mais qu'il décide; qu'il me dise que j'ai tort, c'est tout ce que je lui demande.

Je commence par admettre sa traduction. Je dis ensuite, si les sentimens de l'Ajax de Longin sont les sentimens de l'Ajax d'Homere, on peut mettre le discours de l'Ajax de Longin dans la bouche de l'Ajax d'Homere.

Car si la paraphrase du Rheteur est juste, elle ne sera qu'un plus grand développement de l'ame du Héros du Poëte. Voici donc, en suivant la traduction du Journaliste, ce qu'Ajax eût dit à Jupiter par la bouche de Longin : « *Grand Dieu,* » *je ne te demande pas la* » *vie ; cette priére est au-* » *dessous d'Ajax. Mais* » *comment se défendre ?* » *Quel usage faire de sa* » *valeur dans les ténébres*

» *dont tu nous environ-*
» *nes ? Rens-nous donc*
» *promptement le jour ;*
» *& que je cherche une*
» *fin digne de moi, quand*
» *même tu me serois op-*
» *posé de front.* »

1°. Quels sont les sentimens qui forment le caractére de ce discours? L'indignation, la fierté, la valeur, la soif des combats, la crainte d'un trépas obscur, & le mépris de la vie. Quel seroit le ton de celui qui le décla-

Ajax de Longin.

meroit ? Ferme & véhément. L'attitude de corps ? Noble & altiere. L'air du visage ? Indigné. Le port de la tête ? Relevé. L'œil ? Sec. Le regard ? Assuré. J'en appelle aux premiers Acteurs de la scéne Françoise. Celui d'entr'eux qui s'aviseroit d'accompagner ou de terminer ce discours par des larmes, feroit éclater de rire & le Parterre, & l'Amphithéâtre, & les Loges.

2°. Quel mouvement

ce discours doit-il exciter ? est-ce bien celui de la pitié ? & fléchira-t'on le Dieu, en lui criant d'une voix ferme, à la suite de plusieurs propos voisins de la bravade : « Rens-moi donc *promp-* » *tement* le jour ; & que » je cherche une fin di- » gne de moi, quand » même tu me serois op- » posé de front ? » Ce *promptement*, sur-tout, seroit bien placé.

Le discours de Longin

mis dans la bouche d'Ajax, ne permet donc ni au Héros de répandre des larmes ni au Dieu d'en avoir pitié ; ce n'eſt donc qu'une amplification gauche des trois vers pathétiques d'Homere. En voici la preuve dans le quatrieme.

ῶς φάτο; τὸν δὲ πατὴρ ἐλοφύρατο δάκρυ χέοντα.

Il dit ; & le Pere des Dieux & des Hommes eut pitié du heros qui répandoit des larmes.

Voilà donc un Héros en larmes, & un Dieu fléchi; deux circonstances que le discours de Longin excluoit du Tableau. Et qu'on ne croye pas que ces pleurs sont de rage? des pleurs de rage, ne conviennent pas même à l'Ajax de Longin; car il est indigné, mais non furieux; & elles quadrent bien moins encore avec la pitié de Jupiter.

Remarquez 1°. qu'il a fallu affoiblir le récit de

Ajax d'Homère.

Longin, pour le mettre avec quelque vraisemblance dans la bouche d'Ajax. 2°. que la rapidité de ως φατο; τον δε πατηρ ολοφυρατο &c. ne laisse aucun intervalle entre le discours d'Ajax, & la pitié de Jupiter.

Mais après avoir peint Ajax d'après la paraphrase de Longin, je vais l'esquisser d'après les trois vers d'Homere.

L'Ajax d'Homere a le regard tourné vers le

Ciel, des larmes tombent de ses yeux, ses bras sont suppliants, son ton est pathétique & touchant, il dit " Pere des Dieux
" & des Hommes, Ζεῦ
" πάτηρ; chasse la nuit
" qui nous environne;
" δὸς ἰδέσθαι; & perds
" nous du moins à la lu-
" miere, si c'est ta vo-
" lonté de nous perdre,
" ἐπεὶ νύ τοι εὔαδεν οὕτως.

Ajax s'adresse à Jupiter, comme nous nous adressons à Dieu dans la plus simple & la plus sublime de toutes les prieres. Aussi le pere des Dieux & des hommes, ajoute Homere, eut pitié des larmes que répandoit le Héros. Toutes ces images se tiennent : il n'y a plus de contradiction entre les parties du tableau: L'Attitude, l'Intonation, le Geste, le Discours, son effet, tout est ensemble.

Mais, dira-t'on, y a-t'il un moment où il soit dans le caractere d'un héros farouche, tel qu'Ajax, de s'attendrir? Sans doute, il y en a un. Heureux le Poëte doué du génie divin qui le lui suggérera. La douleur d'un homme touche plus que celle d'une femme; & la douleur d'un héros est bien d'un autre pathérique que celle d'un homme ordinaire. Le Tasse n'a pas ignoré cette source du sublime; & voici un endroit de sa Jérusalem qui ne le cede en rien à celui du dix-septiéme livre d'Homere.

Tout le monde connoit Argant. On n'ignore pas que ce héros du Tasse est modelé sur l'Ajax d'Homere. Jerusalem est prise. Au milieu du sac de cette Ville, Tancrede apperçoit Argant environné d'une foule d'ennemis & prêt à périr par des mains obscures. Il vole à son secours; il le couvre de son bouclier, & le conduit sous les murs de la Ville, comme si cette grande victime lui étoit réservée. Ils marchent ; ils arrivent ; Tancrede se met sous les armes ; Argant, le terrible Argant oubliant le péril & sa vie, laisse tomber les siennes, & tourne ses regards pleins de douleur, sur les murs de Jérusalem, que la flamme parcourt ; » *A quoi* » *penses tu*, lui crie Tan- » crede ? *Seroit-ce que* » *l'instant de ta mort est* » *venu ! c'est trop tard.*

» *Je pense, lui répond*
» *Argant, que c'en est*
» *fait de cette capitale*
» *ancienne des Villes de*
» *Judée ; que c'est en*
» *vain que je l'ai défen-*
» *due, & que ta tête que*
» *le Ciel me déstine, sans*
» *doute est une trop peti-*
» *te vengeance pour tout*
» *le sang qu'on y verse.*

Or qual pensier t'hà preso ?
pensi ch'è giunta l'ora a te prescritta !
s'antivedendo ciò timido stai,
è il tuo timore intempestivo omai.

Penso, risponde, alla città, del regno
di giudea antichissima regina,
che vinta or cade; e indarno esser sostegno
jo procurai della fatal ruina.

E ch'è poca vendetta al mio disdegno,
il capo tuo, ch'il cielo or mi destina.
tacque.

Jerusal. deliv. chant. 19.

Mais revenons à Longin & au Journaliste de Trevoux. On vient de voir que la paraphrase de Longin ne s'accorde point avec ce qui suit le discours d'Ajax dans Homere. Je vais montrer qu'elle s'accorde encore moins avec ce qui le précéde.

Patrocle est tué. On combat pour son corps.

Minerve descendue des Cieux, anime les Grecs. « Quoi, dit-elle à Ménélas ; le corps de l'ami d'Achille sera dévoré des chiens sous les murs de Troye. » Ménélas se sent un courage nouveau, & des forces nouvelles. Il s'élance sur les Troyens ; il perce Podès d'un coup de dard, & se saisit du corps de Patrocle. Il l'enlevoit ; mais Apollon sous la ressemblance de Phénope crie à Hector : « Hector, » ton ami Podès est sans » vie ; Ménélas emporte » le corps de Patrocle, » & tu fuis. » Hector pénétré de douleur & de honte revient sûr ses pas. Mais à l'instant Jupiter *armé de son égide, dardant ses éclairs, ébranlant de son tonnerre le mont Ida, épouvante les Grecs, & les couvre de ténébres.*

Cependant l'action continue: une foule de Grecs

sont étendus sur la pous-
sière. Ajax ne s'apercevant
que trop que le sort des armes a changé, s'écrie à ceux
qui l'environnent, ω ποποι,
,, Hélas ! Jupiter est pour
» les Troyens. Il dirige
» leurs coups. Tous leurs
» traits portent, même
» ceux des plus lâches. Les
» nôtres tombent à terre
» & restent sans effet. Nos
» amis consternés nous
» regardent comme des
» hommes perdus. Mais
» allons ; consultons en-

» tre' nous sur les moyens
» de finir leurs allarmes &
» de sauver le corps de
» Patrocle. Ah! qu'A-
» chille n'est-il instruit
» du sort de son ami.
» Mais je ne vois person-
» ne à lui depêcher. Les
» ténébres nous environ-
» nent de toutes parts.
» Pere des Dieux & des
» hommes, Ζεῦ πάτηρ; chaf-
» se la nuit qui nous cou-
» vre les yeux; & perds
» nous du moins à la lu-
» miere, si c'est ta vo-

» lonté de nous perdre. »
Il dit ; le Pere des Dieux & des hommes fut touché des larmes qui couloient de ses yeux, & le jour se fit.

Je demande maintenant, s'il y a un seul mot du discours de l'Ajax de Longin qui convienne en pareil cas. S'il y a là une seule circonstance, dont le Journaliste puisse tirer parti en faveur du Rhéteur ; & s'il n'est pas évident que

Longin, Despreaux & la Mothe uniquement occupés du caractere général d'Ajax, n'ont fait aucune attention aux conjonctures qui le modifioient.

Quand un sentiment est vrai ; plus on le medite, plus il se fortifie. Qu'on se rapelle le discours de Longin » grand » Dieu, je ne te deman- » de pas la vie ; cette prie- » re est au dessous d'A- » jax &c. Et qu'on me dise

dise, ce qu'il doit faire aussi-tôt que la lumiere lui est rendue; cette lumiere qu'il ne désiroit, si l'on en croit le journaliste, *que dans l'espoir qu'il se couvriroit de l'éclat de quelque belle action, un moment avant que de périr sous les coups de Jupiter irrité & déterminé à perdre les Grecs.* Il se bat apparemment; il est sans doute, aux prises avec Hector; il vange, à la clarté des

Cieux, tant de sang Grec versé dans les ténébres. Car peut-on attendre autre chose des sentimens que lui prête Longin, & d'après lui, le Journaliste?

Cependant l'Ajax d'Homere ne fait rien de pareil. Il tourne les yeux au tour de lui; il apperçoit Ménélas; « Fils ,, de Jupiter, lui dit-il, ,, cherchez promptement ,, Antiloque; & qu'il ,, porte à Achille la fatale ,, nouvelle.

Ménélas obéit à regret; il crie en s'éloignant, aux Ajax & à Mérion, "N'ou-
,, bliez-pas que Patrocle
,, étoit votre ami ,, ; il parcourt l'armée ; il apperçoit Antiloque, & s'acquite de sa commission. Antiloque part : Ménélas donne un Chef à la troupe d'Antiloque ; revient, & rend compte aux Ajax. "Cela suffit, lui
,, répond le fils de Téla-
,, mon. Allons, Mérion,
,, & vous, Ménélas ; sai-

„ fiſſez le corps de Patro-
„ cle ; & tandis que vous
„ l'emporterez, nous aſ-
„ ſurerons votre retraite,
„ en faiſant face à l'en-
„ nemi.

Qui ne reconnoît à cette analyſe, un héros bien plus occupé du corps de Patrocle que de tout autre objet ? Qui ne voit que le deshonneur dont l'ami d'Achille étoit menacé, & qui pouvoit rejaillir ſur lui même, eſt preſque l'unique raiſon de ſes larmes? Qui ne voit à présent qu'il n'y a nul rapport entre l'Ajax de Longin & celui d'Homere; entre les vers du Poëte & la paraphrase du Rhéteur; entre les sentimens du Héros de l'un, & la conduite du Héros de l'autre; entre les exclamations douloureuses ὦ πόποι, le ton de priere & d'invocation Ζεῦ πάτηρ, & cette fierté voisine de l'arrogance & de l'impiété que Longin donne à son

Ajax si clairement que Boileau même s'y est trompé, & après lui M. de la Mothe.

Je le répéte, la méprise de Longin est pour moi d'une telle évidence, & j'espére qu'elle en aura tant pour ceux qui lisent les Anciens sans partialité, que j'abandonne au Journaliste la décision de notre différend; mais qu'il décide. Encore une fois je ne demande pas qu'il me démontre que je me suis trompé ; je demande seulement qu'il me le dise.

Je me suis étendu sur cet endroit, parceque le Journaliste, en m'avertissant qu'il l'avoit examiné avec *une attention particuliere*, m'a fait penser qu'il en valoit la peine. D'ailleurs le bon goût n'avoit pas moins de part que la critique dans cette discussion ; & c'étoit une occasion de montrer, combien, dans un petit nombre de vers, Homere a renfermé de traits sublimes, & de présenter au public quelques lignes d'un *essai* sur la maniere de composer des anciens, & de lire leurs Ouvrages.

On lit pag. 860. de son Journal : *Nous ne pouvons pas nous instruire également de la critique qu'on trouve ici sur un discours lû par M. l'Abbé de Bernis à l'Académie Françoise.*

Observation. On peut voir à la fin de la Lettre même sur les sourds & muets, le sentiment de l'Auteur sur cette critique prématurée. Tous ceux qui jugent des Ouvrages d'autrui, sont invités à le parcourir; ils y trouveront le modéle de la conduite qu'ils auront à tenir, lorsqu'ils se seront trompés.

Le Journaliste ajoute *que la piéce de M. l'Abbé de Bernis, qui fut extrêmement applaudie dans le moment de la lecture, n'a point encore été rendue publique, & que, de sa part, ce seroit combattre comme Ajax, dans les ténébres, que d'attaquer ou de défendre sur un terrain dont il n'a pas assez de connoissance.*

Observation. Cela est très-sage; mais la comparaison n'est pas juste. Il ne paroît pas dans Homere qu'Ajax ait combattu dans les ténébres; mais tout au plus qu'il a demandé du jour pour combatre. Il ne falloit pas dire, *ce seroit combatre comme Ajax, dans les ténébres*, &c. mais, *nous demanderons comme Ajax, de la lumiére, ou pour défendre ou pour combatre.* Je releve ici une bagatelle; le Journaliste m'en a donné l'exemple.

On lit enfin, page 863. & derniere de cet Extrait; *notre Auteur nous fait espérer que si* nous sçavons nous servir de notre langue, nos ouvrages seront aussi précieux pour la postérité que les ouvrages des Anciens le sont pour nous. Ceci est une bonne nouvelle, mais nous craignons qu'elle ne nous promette trop &.. aurons-nous des Orateurs tels que Cicéron, des Poëtes tels que Virgile & Horace, &... & si nous mettions le pied dans la Gréce, comment pourrions-nous n'être pas ten-

tés de dire, malgré la défense d'Epictete: hélas! nous n'aurons jamais d'honneur; nous ne serons jamais rien.

Observation. Nous avons déja dans presque tous les genres des Ouvrages à comparer à ce qu'Athénes & Rome ont produit de plus beau. Euripide ne désavoueroit pas les Tragédies de Racine. Cinna, Pompée, les Horaces, &c. feroient honneur à Sophocle. La

Henriade a des morceaux qu'*on peut opposer de front* à ce que l'Iliade & l'Enéïde ont de plus magnifique. Moliére réunissant les talens de Térence & de Plaute, a laissé bien loin derriére lui les comiques de la Gréce & de l'Italie. Quelle distance entre les Fabulistes Grecs & Latins; & le nôtre! Bourdaloue & Bossuet le disputent à Démosthéne. Varron n'étoit pas plus sçavant que Hardouin, Kircher & Petau. Horace n'a pas mieux écrit de l'Art poëtique que Despreaux. Théophraste ne dépare pas la Bruyere. Il faudroit être bien prevenu pour ne pas se plaire autant à la lecture de l'Esprit des Loix qu'à la lecture de la République de Platon. Il étoit donc assez inutile de mettre Epictete à la torture pour en arracher une injure contre notre siécle & notre nation.

Comme il est très-difficile de faire un bon ouvrage, & très-aisé de le critiquer; parceque l'Auteur a eû tous les défilés à garder, & que le critique n'en a qu'un à forcer; il ne faut point que celui-ci ait tort : & s'il arrivoit qu'il eût continuellement tort, il seroit inexcusable. Def. de l'esprit des Loix, page 177.

FIN.

ADDITIONS

Pour servir d'Eclaircissemens à quelques endroits de la Lettre sur les Sourds & Muets.

ERRATA.

Page 135. impartialité, *lisez* partialité.

Pag. 147. l'un de l'autre, *lisez* l'une.

Pag. 176. ὗιας, *lis.* υἶας

Pag. 194. quils *lis.* qu'ils.

Pag. 198. ὁ, *lis.* δ.

Pag. 267. *ligne onze & suiv. il y a trois lettres tombées.*

Pag. 295. infernos, lis. *infernas.*

Pag. 345. υἶυας, lis. υἶας

Pag. 361. tend. lis. rend.

TABLE
DES MATIERES.

A.

Accidents,	pag. 1. 20.
Acteurs,	6. 27.
Adjectifs,	4. 10.
Ame,	113.
Amitié,	118.
Amphybologie,	70.
Amyot,	221.
Anatomie Métaphysique,	23.
Anciens,	13.
Aoristes Grecs,	12.
Aristophane,	18.
Aristote,	14.
Article,	121
Avercamp,	Préface.

DES MATIERES.

B.

Basse fondamentale, 65.
Basse continue, *ibid.*
Batteux, (M.) 1.
Beaux Arts réduits à un même principe,
Bernis, (M. l'Abbé de) 192.
Bissy, (M. de) *ibid.*
Boileau, 76. 155. 175. 184. 240.
Bon sens, 192.
Bossuet, 76. 240.
Brantome, *ibid.*

C.

Castel, (le R. P.) 47.
Chinois, 222.
Cicéron, 88. & *suiv.*
Clavecin oculaire, 46.
Condillac, (M. l'Abbé de) 2.
Construction, 74. 76. 71.
Contre-sens, 70.

TABLE

Corneille,	240.
Corps défini,	6.
Couleurs,	8.

D.

Déclamation,	61.
Délicatesse fausse,	220.
Descartes,	184.
Diable boiteux,	65.
Discourir,	126.
Discours latins,	75.
Discours en couleur,	51.
Dumarsais, (M.)	2.

E.

Echecs,	42.
Echelles du Levant,	80.
Ellipse interdite,	26.
Enéide,	76.
Entendement humain, (système de l')	111.

DES MATIERES.

Entendement modifié par les signes,	124.
Epaminondas,	40.
Epictete,	84.
Epithetes,	190.
Etendue,	8.
Euryale,	162.
Existence, sensation de notre,	114.
Expérience singuliere,	60.
Expérience, autre,	47.
Expression, (l')	151.

F.

Femme forte,	37.
Fléchier,	240.
Figure,	8.
Fontenelle, (M. de)	182.

G.

Gaulois, (Auteurs)	13.
Génie,	240.

TABLE

Géometres & Géométrie,	25.
Gestes, (usage des)	15.
Gestes sublimes,	35.
Gestes, (connoissance des)	58.
Gilblas,	65.
Goût,	27.
Gymnastique,	86.

H.

Harmonie, (Musique)	71.
Harmonie du style,	142.
Henriade citée,	153.
Héraclius, Tragédie,	39.
Hiéroglyphes,	153. 184.
Homere, 161. 170. 272.	175.
Hommes fictifs,	32.
Homme décomposé,	22.
Homme automate,	112.
Horloge,	ibid.

I.

Idées, (ordre des)	10.
Idée principale,	94.

DES MATIERES.

Iliade citée, 170.
Inconnu, (chef-d'œuvre d'un) 160.
Instrumens de Musique, 50.
Intonation, 64.
Inversions rares en françois, 9.
Inversions dans l'esprit difficiles, 88.

L.

La Bruyere, 140.
La Fontaine, *ibid.*
Lamotte, 175.
Langues, (origine des) 4.
Langues anciennes, 13.
Langue Françoise, 72. 135. 240.
Langue des gestes, 26.
Langue des gestes, Métaphorique, 43.
Langue Franque, 79.
Langue Hébraïque, 82. 186.
Langue Greque, 83.

TABLE

Langues Françoise, Grecque, Italienne, Latine, 135.
Langue appauvrie, 220.
Langue *parlée*, Langue *écrite*, 222.
Langues à inversions (désavantage des) 139.
Langue naissante, formée, perfectionée, 143.
Lettre sur les Sourds & Muets, 1.
Lettre sur les Aveugles, *préface*.
Liaison harmonique, 117.
Longin, 175.

M.

Macbeth, Tragédie, 35.
Malherbe, 240.
Mantinée, (Bataille de) 140.
Marcellus, (oraison pour) 241.
Mémoire, 127. 128.
Ménippe, 181.
Montmeni, 175. 221.

DES MATIERES.

Musique, 51.
Muet, 17. 20.

N.

Nature, (belle) 15

O.

Objets sensibles, 4.
Odorat, 23.
Œil, 8. 23.
Oreille, *ibid.*
Ovide, 149.

P.

Pantomime, 20.
Peinture, 56.
Pensée, 28. 151.
Péripatéticisme, 12.
Pétrone, 165.
Plaisanterie bonne ou mauvaise
    d'un Muet, 45.
Poesie, 152.

TABLE

Poësie, Peinture & Musique, 215.
Poëtes difficiles à lire, 291.
Porée, (R. P. Jésuite) 30.
Pythagore, 118.

Q.

Qualités sensibles, 4.
Questions, 5.
Quinquertions, 86.
Quinte fausse, 12.

R.

Rabelais, 240.
Racine, 75. 124. 192. 240.
Raisonner, 17.
Récapitulation, 223.
Rodogune, Tragédie, 57.

S.

Sage, (M. le) 65.

DES MATIERES.

Scythes,	118.
Sentiment d'un Auteur,	70.
Shakefpear,	35.
Signes, Oratoires,	16.
Société finguliere,	24.
Sourd & Muet,	31. 42.
Style, image de l'efprit,	44.
Subftance,	7.
Subftantifs,	11. 74.
Syllogifme,	117.

T.

Tableau mouvant,	122.
Tems des verbes,	77.
Tentation,	29.
Termes abftraits,	6.
Terme moyen,	117.
Tête mal faite,	72.
Titre, (mauvais)	1.
Tite-Live,	140.
Toucher,	8. 23.
Traduction finguliere,	26.
Tranfpofition,	69.

TABLE DES MATIÈRES.

Triton, 230.
Turcaret, 65.

V.

Version, 15.
Virgile, 149. 162. 2. 172. 217.
Voltaire, (M. de) 76. 154. 181. 240.

Z.

Zenon, 18.

Fin de la Table.

www.ingramcontent.com/pod-product-compliance
Lightning Source LLC
Chambersburg PA
CBHW050901230426
43666CB00010B/1981